中里 操/清水陽子
[監修]

保育実習
ガイドブック

理論と実践をつなぐ12の扉

山崎喜代子/古野愛子
[編著]

ミネルヴァ書房

はじめに

　保育士は，子どもが人生の土台をつくるもっとも大切な時期に，保護者とともに，子どもと日々関わり合うことができます。そして，子どもは次の社会と時代を築く人材であり，その子どもたちの育ちを支える保育士の仕事は，人間や人間社会の営みの根幹にある仕事であるといえます。

　保育士の仕事は，環境との関わりを通して心と体と仲間を育て，子ども時代の記憶を豊かに膨らますことです。また，わが子が豊かに育つことはすべての親たちの願いであり，保育士の仕事は人々の願いや社会と深くつながるものなのです。

　保育や保育所が社会の主要課題の1つとして取り上げられる時代になり，全国に広がる「こども食堂」や「無料塾」をみても，子育ては社会全体が関わり支えるという意識が一般に広がってきていると思います。このような時代に，保育の学びと保育実習体験を通して，学生のみなさんが保育士という素晴らしい職業を実感して，自分のライフワークとして選択することを切に願います。

　本書は保育士養成課程の理論学習と保育実習をつなぐ実習準備のための教科書です。今日すべての子どもの発達を確保するには，子どもの生活・家族環境等までを広く捉えた社会的，福祉的な視点と支援技術が求められます。本書は社会的，福祉的視点と方法を取り入れているところに特徴がある保育実習のための教科書です。

　この本は保育実習のガイド役となることを目指しながら，「保育原理」や「児童家庭福祉」などで学習してきた基礎理論を再度整理して，紹介しています。

　実習準備の教科書や自習書として編集されていますが，保育士として働き始めた時にも座右の書として大いに役立つ本になることでしょう。

　実習前には机上学習を確かなものにしてください。しかし，保育実習の現場では知識にとらわれず，自分の心と体でまずは子どもたちを受け止めてください。実りある実習ができることを心から願っています。

2017年3月

監修者・編著者一同

本書の構成図

―― 第Ⅰ部　理論編：保育実習に必要な知識って何だろう？ ――

変わる家族・子育て環境と保育士の役割と課題を考える

第1章　家族と子どもをめぐる環境の変化を知ろう
学びのポイント ・現代社会における家族の役割の変化を知ろう。 ・現代社会における子どもの発達環境を知ろう。 ・保育の社会化と保育士の役割を考えよう。

第2章　子どもと家族を支える福祉政策を理解しよう
学びのポイント ・子どもの権利を支える法と制度を知ろう。 ・保育，社会的養護の現状を知ろう。 ・近年の保育政策を知ろう。

保育士の広い専門性と新たな役割を知る

第3章　保育士の仕事と専門性を理解しよう
学びのポイント ・保育士の仕事と多様な役割を理解しよう。 ・保育士の資格について学ぼう。 ・保育士の専門性や価値と倫理を理解しよう。

第4章　子どもの発達を学んで保育支援をしよう
学びのポイント ・子どもの発達とは何かを理解しよう。 ・0～18歳までの子どもの発達の姿を理解しよう。 ・特別な支援を必要としている子どもと家庭を理解しよう。

保育士に必要な相談援助技術を学ぶ

第5章　保育における相談援助を学ぼう
学びのポイント ・保育実践における相談援助の必要性を理解しよう。 ・保育実践における相談援助の方法を理解しよう。 ・事例を通して相談援助の実際を学ぼう。

―― 第Ⅱ部　実践編：保育実習で学ぶことって何だろう？ ――

保育実習の意義と目的を理解する

第6章　保育実習のことを理解しよう
学びのポイント ・保育実習を行うことの意義と目的を理解しよう。 ・保育実習の学びのプロセスを理解しよう。 ・自主実習の意義と目的を理解しよう。

本書の構成図

実習前準備の実習手続きと実習計画作成

第7章　保育実習に行く準備をしよう
学びのポイント
・実習施設を決める手続きなど，一連の流れを理解しよう。
・実習計画の作成について理解しよう。
・実習準備として実習生の立場を理解しよう。

保育実習のデザインと展開を生みだす学び

第8章　保育所実習のデザインと実際を学ぼう
学びのポイント
・保育所実習の意義と目的を理解しよう。
・保育士の仕事と保育内容を理解しよう。
・課題を明確にし，子どもの姿を捉えた実習指導案を書こう。

第9章　施設実習の準備と実際を学ぼう
学びのポイント
・施設実習の意義と目的を理解しよう。
・施設実習での支援の方法を理解しよう。
・多様な実習施設の実習内容をデイリープログラムを通して知ろう。

実習日誌を書いてこそ実習は花開く

第10章　実習日誌の書き方と活用の仕方を学ぼう
学びのポイント
・実習日誌の作成の手順と留意事項を学ぼう。
・実習日誌を書く時のポイントを押さえよう。
・実習日誌を用いた保育の振り返りの方法を学ぼう。

「振り返り」によって実る保育実習

第11章　保育実習後の振り返りをしよう
学びのポイント
・実習終了後に行う必要な作業を確認しよう。
・実習から得られた学びを振り返り，今後の課題を整理しよう。
・資格取得に必要な手続きを確認し，保育士として働く準備をしよう。

遊びのポケットを増やす

第12章　子どもと遊ぶ力をつけよう
学びのポイント
・子どもにとっての遊びの意味を理解しよう。
・子どもの遊びの多様性を理解しよう。
・子どもの遊びの展開を学ぼう。

――巻末資料――

目　次

はじめに

本書の構成図

第Ⅰ部　理論編：保育実習に必要な知識って何だろう？

第1章　家族と子どもをめぐる環境の変化を知ろう ……………………… 3

　1．家族のあり方と子育て環境の変化 ……………………………………… 3

　　　（1）家族の機能とは何か？　　3

　　　（2）時代による家族の変化　　4

　　　（3）変わる家族のかたち　　5

　2．変わる子どもの発達環境 ………………………………………………… 6

　　　（1）現代の子どもの生活環境の変化　　6

　　　（2）社会のひずみからくる子どもの虐待・貧困問題　　7

　　　（3）子育ての学び合い，支え合いを促す保育士　　9

　　保育をひらく扉①　虐待は脳を傷つける　　10

第2章　子どもと家族を支える福祉政策を理解しよう ………………… 11

　1．日本における児童福祉法制のあゆみ …………………………………… 11

　　　（1）日本国憲法と児童福祉法　　11

　　　（2）グローバルスタンダードの「児童の権利に関する条約」　　12

　　　（3）虐待防止法，子どもの貧困対策推進法，その他の施策　　13

　2．保育・社会的養護の現状 ………………………………………………… 14

　　　（1）保育所の現状　　14

　　　（2）社会的養護の現状　　14

　3．少子化対策と子育て環境の整備へ ……………………………………… 16

　　　（1）育児休業法とエンゼルプラン──始まる日本の少子化対策　　17

　　　（2）新たな少子化対策の展開へ　　17

　　　（3）「子ども・子育て支援法」の成立とこれからの保育の課題　　19

　　保育をひらく扉②　「赤とんぼの歌」と子守学校　　21

第3章　保育士の仕事と専門性を理解しよう ……………………………… 23

　1．保育士の仕事を理解する ………………………………………………… 23

　　　　（1）保育士の多様な活躍の場と多様な職務　23
　　　　（2）保育士資格と幼保連携型認定こども園の保育教諭　26
　　2．保育士の専門性とは何か？……………………………………………………28
　　　　（1）保育士に求められる知識と技術　28
　　　　（2）保育士に求められる価値と倫理　29
　　　　（3）保育士に求められる専門性　29
　　3．保育士に求められる現代的役割…………………………………………………31
　　　　（1）地域の子育て支援　31
　　　　（2）子どもの権利保障——子どもの最善の利益　31
　　保育をひらく扉③　どうして子どもはかわいいのか？　33

第4章　子どもの発達を学んで保育支援をしよう……………………………35
　　1．0～18歳の子どもの発達………………………………………………………35
　　　　（1）乳幼児期の子ども——著しい心と身体の発達　36
　　　　（2）児童期の子ども——学習自立・生活自立・精神的自立へ　38
　　　　（3）青年期の子ども——思春期中期と揺れる心　39
　　2．保育士としての子どもの捉え方…………………………………………………40
　　　　（1）保育士は子どもを見る目と待つ心が必要　40
　　　　（2）子どもの生活全体を捉える視点　40
　　　　（3）子どもとの関わりにおいて大切なこと　41
　　3．特別な支援が必要な子どもについて……………………………………………42
　　　　（1）障害のある子どもへの保育　42
　　　　（2）福祉的課題を抱えた子どもと保護者への支援　43
　　保育をひらく扉④　思春期の攻撃的脳の原因解明　45

第5章　保育における相談援助を学ぼう…………………………………………47
　　1．保育士に求められている相談援助の役割と視点・原理・原則………………47
　　　　（1）保育士の子育て相談と相談援助　47
　　　　（2）相談援助の視点——エンパワメント，ストレングス，インクルージョン　48
　　　　（3）相談援助の原理——人権と社会正義　48
　　　　（4）バイステックの7原則　49
　　2．相談援助（ソーシャルワーク）の技術…………………………………………50
　　　　（1）直接援助技術——ケースワークとグループワーク　50
　　　　（2）保育におけるケースワークとグループワーク　50
　　　　（3）間接援助技術　51
　　　　（4）社会資源を活かした包括的な相談援助の動向　52

3．相談援助のプロセス……………………………………………………………52
　　　　（1）問題の気づき，発見　52
　　　　（2）インテーク（最初の面接）　53
　　　　（3）アセスメント（事前評価）　53
　　　　（4）プランニング（援助計画）　53
　　　　（5）インターベンション（援助の実施）　53
　　　　（6）モニタリング（経過観察）　54
　　　　（7）エヴァリュエーション（事後評価）　54
　　　　（8）終　結　54
　　4．保育士が行う相談援助の実際……………………………………………………54
　　保育をひらく扉⑤　「こども食堂」の広がり　57

第Ⅱ部　実践編：保育実習で学ぶことって何だろう？

第6章　保育実習のことを理解しよう……………………………………………………61
　　1．保育実習の意義と目的……………………………………………………………61
　　　　（1）保育実習体験の教育的意義　61
　　　　（2）子どもと関わることから始まる実習経験　62
　　　　（3）実習の振り返りをする　63
　　　　（4）保育実習で学ぶこと　64
　　2．保育実習の仕組みとプロセス……………………………………………………65
　　　　（1）保育実習の仕組み　65
　　　　（2）保育実習における学びのプロセス　65
　　　　（3）巡回指導　67
　　3．自主実習（ボランティア）の意義と目的………………………………………68
　　　　（1）自主実習とは何か　68
　　　　（2）自主実習の意義と目的　68
　　　　（3）自主実習の手続きと注意点　69
　　　　（4）ボランティア活動　70
　　保育をひらく扉⑥　ちょっと待って！　その写真，SNSにあげるのですか？　72

第7章　保育実習に行く準備をしよう……………………………………………………73
　　1．保育実習までに確認しておくこと………………………………………………73
　　　　（1）履修条件の確認　73
　　　　（2）実習に対する意思や学習に取り組む姿勢の確認　73
　　2．保育実習までの一連の流れ………………………………………………………74

　　　　（1）実習施設を選択しよう　74
　　　　（2）実習施設について調べよう　75
　　　　（3）実習計画書を作成しよう　75
　　　　（4）実習オリエンテーション（事前訪問）に行こう　77
　　3．実習に向けた準備と心構えを確認しよう……………………………………80
　　　　（1）実習に向けた準備　80
　　　　（2）実習の心構え　80
　　保育をひらく扉⑦　実習中の危機管理は大丈夫？　84

第8章　保育所実習のデザインと実際を学ぼう……………………………85

　　1．保育所実習のデザインのために……………………………………………85
　　　　（1）0～6歳までの大きな発達・成長期の子どもたち　85
　　　　（2）保育所の子どもたちの1日の生活（デイリープログラム）を基本に　85
　　　　（3）保育実習Ⅰ（保育所）から保育実習Ⅱ（保育所）へとステップアップ　86
　　2．実習指導案のつくり方・書き方……………………………………………87
　　　　（1）各保育所には「保育課程」「長期指導計画」「短期指導計画」がある　87
　　　　（2）部分実習と実習指導案の作成　87
　　　　（3）実習指導案の作成ポイント　88
　　3．実習指導案の例と解説……………………………………………………90
　　　　（1）「おむつ交換」の実習指導案（0歳児）と解説　90
　　　　（2）「おおきなかぶ」の実習指導案（3歳児）と解説　93
　　　　（3）「体育遊び」の実習指導案（5歳児）と解説　98
　　　　（4）実習計画を振り返り次の活動に向けての計画を立てる　102
　　4．保護者や地域の子育て支援における相談と対応を学ぶ……………………104
　　　　（1）保護者の子育て支援　104
　　　　（2）地域の子育て支援と他の専門機関との連携を学ぶ　105
　　保育をひらく扉⑧　小さな手から大きな輪へ——実習生の保育所実習での体験談より　107

第9章　施設実習の準備と実際を学ぼう……………………………………109

　　1．施設実習（保育実習Ⅰ・Ⅲ）の意義と準備…………………………………109
　　　　（1）保育実習Ⅰと保育実習Ⅲのつながり　109
　　　　（2）保育士養成における施設実習の意義　110
　　2．施設実習における支援の方法と注意点……………………………………111
　　　　（1）実習施設の子ども・利用者の特性を理解する　111
　　　　（2）施設実習の進め方　112
　　　　（3）施設実習において特に注意しておきたいこと　113

3．施設概要とデイリープログラム……………………………………………………… 115
　　　　（1）児童発達支援センター（福祉型／医療型）　115
　　　　（2）障害児入所施設（福祉型／医療型）　116
　　　　（3）母子生活支援施設　117
　　　　（4）児童相談所（一時保護所）　118
　　　　（5）乳児院　119
　　　　（6）児童養護施設　120
　　　　（7）障害者支援施設　121
　　　　（8）その他の指定障害福祉サービス事業所　122
　　保育をひらく扉⑨　無料塾開催——公立高校入試合格の喜び　124

第10章　実習日誌の書き方と活用の仕方を学ぼう……………………………………… 125
　　1．実習日誌を書く意義と目的…………………………………………………………… 125
　　2．実習日誌を書くための準備…………………………………………………………… 125
　　　　（1）事前準備1：実習園に関する資料収集をしておく　126
　　　　（2）事前準備2：自分の実習の目標を立てる　126
　　3．実習日誌作成の際のポイントと注意事項…………………………………………… 126
　　　　（1）自分なりの視点をもつ　126
　　　　（2）状況が想起できるように具体的に書く　127
　　　　（3）事実の記録と考察・感想の区分をする　127
　　　　（4）実習日誌の記述の注意　127
　　　　（5）保育所実習記録の例　127
　　4．記録を通しての学びの振り返り……………………………………………………… 127
　　　　（1）実習全体を総括する評価のポイント　130
　　　　（2）子ども理解を深めるための実習記録の活用　130
　　保育をひらく扉⑩　書くことは心を動かして見ること　134

第11章　保育実習後の振り返りをしよう………………………………………………… 135
　　1．保育実習後の手続き…………………………………………………………………… 135
　　　　（1）実習日誌を実習先へ提出しよう　135
　　　　（2）実習終了後の実習先との関わりを考えよう　136
　　　　（3）学内の実習担当教員へ報告に行こう　136
　　2．実習の学びと課題の整理……………………………………………………………… 139
　　　　（1）実習を評価する　139
　　　　（2）実習の総括について　140
　　　　（3）実習報告書の書き方とポイント　140

　　　　（4）実習報告会での学びの共有　141
　3．保育士としてのキャリアデザイン………………………………………143
　　　　（1）今後に向けて　143
　　　　（2）保育士登録手続きについて　143
　　　　（3）児童福祉分野への就職活動　144
　保育をひらく扉⑪　実習を終えたみんなにエールをおくる　146

第12章　子どもと遊ぶ力をつけよう……………………………147
　1．子どもの発達にとっての「遊び」の意味……………………………147
　　　　（1）「遊び」は子どもの自発的活動　147
　　　　（2）子どもの「遊び」の安全確保と適切な支援を　147
　　　　（3）保育や生活の流れのなかで「遊び」の時間の確保を　148
　2．「遊び」の多様性を理解しよう………………………………………148
　　　　（1）子どもの多様な遊びの展開を大事にしよう　148
　　　　（2）年齢や個性に応じた遊びの変化と共通する充足感　149
　　　　（3）スポーツ，芸術への展開　149
　3．遊びの実際――わらべ歌遊びを中心に………………………………149
　　　　（1）歌って遊ぼう！　150
　　　　（2）友だちと○○になったつもりで遊ぼう！　154
　　　　（3）布おもちゃ　159
　保育をひらく扉⑫　遊びの意味を考える　162

巻末資料
　巻末資料1　全国保育士会倫理綱領　165
　巻末資料2　保育実習先の施設一覧　166

第Ⅰ部

理論編
保育実習に必要な知識って何だろう？

第1章
家族と子どもをめぐる環境の変化を知ろう

学びのポイント
・現代社会における家族の役割の変化を知ろう。
・現代社会における子どもの発達環境を知ろう。
・保育の社会化と保育士の役割を考えよう。

　現代社会は豊かな文明を発展させてきましたが，その一方で，急激な都市への人口集中と土地開発によって，自然破壊，地域社会の共同体の喪失をもたらし，子どもの遊び場の不足，仲間遊びの減少，加えて女性の社会進出により，子育て環境にも大きな変化を生みだしました。その結果，保育所を含む児童福祉施設は，現代の子育て環境の変化や子育て機能の不足を補うものとして位置づけられ，保育を通して，子どもの遊びや友だち同士の関わりを促し，親の子育てを補い支援する場であると，捉えられるようになりました。

　この章では，現代社会に生きる子どもを取り巻く環境とそこに顕在化する諸問題についてとりあげ，保育所等の社会的役割について学びます。

1．家族のあり方と子育て環境の変化

　子どもにとって「家族」は，その人生に大きな影響を与える重要な存在であるといえます。どのような家族のもとに生まれ育つかということは，その後の人生に大きな影響を与えることになるのです。

（1）家族の機能とは何か？

　人間は，乳幼児期・学童期を過ぎても親元で過ごし，青年期を含む長い「子育ち期」をもちますが，この人間の特性が家族間の深い愛着や愛情を発達させることに寄与してきました。

　家族の機能として，次のような5つの働きをもっているといわれています（森岡・望月，1997）。家族は，①夫婦を核として互いに守りあう血縁集団であり，子どもを産み育て，次代の労働の担い手をつくる労働力の再生産の場としての生殖機能をもちます。また，②家族は生活の糧を得るとともに消費を行う経済的機能をもち，③家族は

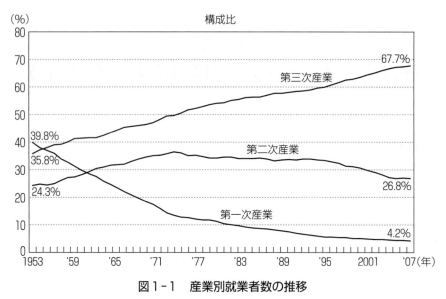

図1-1　産業別就業者数の推移
出所：総務省統計局「労働力調査」より作成。

子どもを，生産能力，人間性と文化をもって社会適応させる教育機能をもちます。加えて，④家族のなかで，情緒的身体的安全を得る心身の安全機能をもち，⑤老人や幼児のような生産力のない弱者を保護するという福祉的機能をもちます。

（2）時代による家族の変化

今から約80年前の昭和初期までは，家族は「夫婦および親子関係にあるものを中心とする比較的少数の近親者が感情的に緊密に融合する共産的共同である」（戸田，2001）と定義されていました。この時代には，農業生産あるいは家内工業が多く，家庭と，家庭に隣接した場で家族がともに働いていたため，家族は「共産的共同」とみなされてきたのです。しかし，日本社会では工業化が進み，農業・漁業などの第一次産業が衰退し，さらに，第二次世界大戦後の高度経済成長期を経て，第一次産業に加えて，第二次産業の製造業や建設業の相対的な減少へとつながり，それに代わって，通信業・商業・金融業・サービス業などの第三次産業に従事する人が大幅に増えてきました（図1-1）。第三次産業における労働者人口の増加は，多様な労働形態を生みだし，若者や女性が働きやすい職種も増え，労働形態を選べるようにもなりました。仕事は人の多い都市に集中し，若者は都市への移住を求めるようになりました。

また，電化製品の進化は，家事労働の機械化を進め，家事の負担が軽減されたこともあり，結婚後も働き続ける女性が増えました。女性の社会参加が進むにつれて，男性との性別役割分業の固定概念も薄くなっていきました。そして，家族形態も三世代

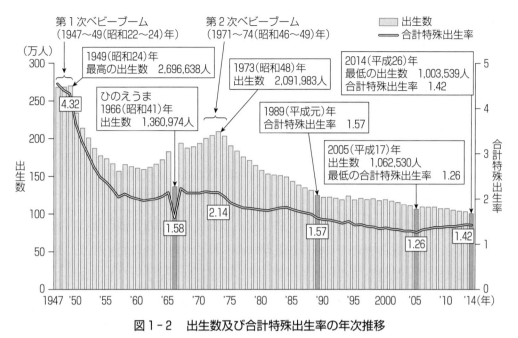

図1-2　出生数及び合計特殊出生率の年次推移
出所：内閣府（編）『少子化社会対策白書（平成28年版）』日経印刷，2016年，2頁。

同居から核家族へと変わり，長い間維持してきた女性が家庭に入り子育てをするという役割分担が崩れることになり，これまでの子育て環境に大きな変容を及ぼすことになりました。

現在は，IT化に象徴されるように，仕事内容がより高度化するにつれ，より専門的な領域を学ぶため大学進学率があがり，あわせて女性の高学歴化が進みました。このことは，子どもが親から経済的に自立するまでの時期が長期化し，おのずと男女ともに晩婚化にもつながり，2015年には，若い世代の初婚年齢が夫31歳，妻29歳となり年々年齢があがってきています。そして，第一子を授かる年齢も30歳となり，少子化に拍車がかかる状態となっていきました（図1-2）。

（3）変わる家族のかたち

昔ながらの三世代同居のような拡大家族では，核家族（夫婦だけ，夫婦と未婚の子どもからなる家族，ひとり親家庭などのこと）とは異なり，親の援助を受けることができましたが，今は親と同居しないことで家事と育児を親に頼らず夫婦だけで担わざるを得ない家庭が多くなりました。この状況は，都心において多く，特に共働き，ひとり親で子育てをしている家庭には，子育ては大きな負担としてのしかかるようになりました。このように多数の家族が社会に子育て支援を求めるようになり，政府も保育の社

会化に乗り出し，社会も多様な保育ニーズに基づいた多様な保育サービスを提供するようになりました。

　現在，待機児童解消が子育てをめぐる大きな社会問題になっていますが，単に保育所が不足しているというだけでなく，ひとり親家庭の増大など家族のあり方の多様化，子育ての価値観の変容，格差社会における親の経済問題などが複雑に絡み合っています。子育ての困難は，時には子どもへの人権侵害にもつながる重大な問題に発展することもあり，子育ての課題は，その家族だけの問題ではなく社会全体としての対応が求められる喫緊の課題となっています。

　児童福祉施設で働く保育士は，日々の保育から支援の必要な家族の現状を把握し，状況に応じた対応を臨機応変に行うことが求められており，そのためにも，保育士にはこれまで以上に高度な専門知識や保育技術が必要とされるようになりました。また，問題を適切に受け止め，問題解決へと導く方法として福祉分野で用いられている相談援助の方法を知って子育て相談，支援をすることが期待されています。

2．変わる子どもの発達環境

（1）現代の子どもの生活環境の変化

　経済の急速な発展は，生活が便利になる一方で，自然破壊，大気汚染，交通事故，食の安全性など，生活や子育ての多様な問題を引き起こすことになりました。

　空き地などの子どもの遊び場の減少などにより，子どもたちが外で遊ぶ機会が著しく減少し，危険を恐れるあまり，なかなか外出させない家庭も増えてきました。これらのことが子どものコミュニケーション能力や身体能力の低下に悪影響を及ぼし，また，母子密着化の促進や過度な愛着関係によって親の過保護から自立できず，依存性の強い子どもに育ったり，逆に親に反発して家に戻らなくなり，そこから非行や事件に巻き込まれるということもあります。

　さらには，テレビゲームやビデオなどのメディアの普及，最近ではスマートフォンの使用も加わり，子どもたちのコミュニケーションも生身の対話ではなく，メールやLINEにより行われ，子どものコミュニケーション力の低下や子ども同士の関わり方にも変化が生じてきました。特にメディアの子どもへの広がりは，生活の乱れにもつながり，夜更かしによる睡眠時間の減少，朝に起きられないことによる朝食の欠食や体温の低下など，生活リズムの乱れにもつながり，子どもの発達上の問題が大きく指摘されるようになりました。保育現場では子どもの生活リズムを整えるなどの入所後

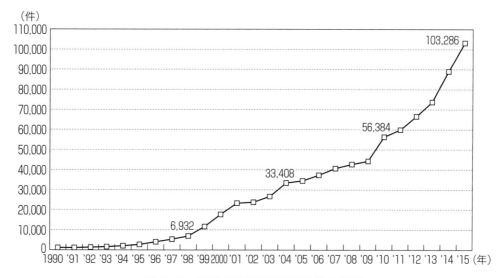

図 1-3　児童虐待相談の対応件数の推移

出所：厚生労働省「福祉行政報告例」より作成。

の育て直しが求められるようになっています。現代の子どもは、遊ぶ空間、遊ぶ時間、遊ぶ仲間という3つの間、「三間」を失ったと表現されることがありますが、保育現場は子どもたちの家庭環境での3つの間の不足を補填する役割も求められているのです。

（2）社会のひずみからくる子どもの虐待・貧困問題

① 子どもの虐待の急増

　2015年度の「児童相談所における児童虐待相談の対応件数」は10万3,286件でした（図1-3）。数の増加ももちろんですが、その内容については「心理的虐待」が47.2％と5割近くを占め、そのほかにも「身体的虐待」が27.7％、「ネグレクト」が23.7％で「性的虐待」は1.5％程度という結果となっています。また主な被虐待児は、就学前の子どもが42.7％と全体の半数近くを占めており、その主たる虐待者は、実父や実母が87.1％と高い割合になっています。

　また、子どもだけで長時間の留守番をさせたり、夜遅くまで子どもを連れて外出をする、食事のかわりに菓子を与えたりなどの極端な食の偏りなど、親として子どもに不適切な関わりを行う「マルトリートメント（maltreatment）」という言葉も最近ではよく使われるようになりました。

　虐待は子どもの心身に大きな傷を与え、その後の人生に重大な悪影響を与える人権侵害です。保育士は、子どもと日々直接関わるので、子どもの小さなサインにいち早

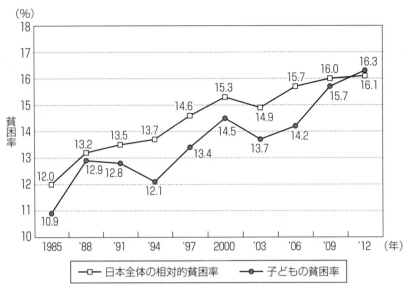

図1-4　貧困率の推移

出所：厚生労働省「国民生活基礎調査」より作成。

く気づくことが可能です。そのため，保育士には，虐待の早期発見の努力義務と虐待を発見した場合には，児童相談所等への通告義務があります。そのうえで，問題が発覚したら，保育所内での問題の共有とともに児童相談所等の専門機関の職員と連携し，長期的な関わりを通して，親の価値観の変容や親と子どもとの関係の修復に努めるなどの支援が必要です。

② 深刻化する子どもの貧困

　「国民生活基礎調査」の結果から，貧困問題を子どもに焦点をあてた「子どもの貧困」について注目が集まっています。2012年には子どもの貧困率が，全年齢層の貧困率を上回る結果となり，子どもの貧困率が6人に1人（16.3％）となり，現在も引き続き深刻な状況として社会で考えられるようになりました（図1-4）。

　子どもの貧困問題は，親の経済状況の悪化と直接に関わり，失業や長時間労働による親の心身の疲弊，イライラ感，劣悪な生活環境などの問題があり，それが子育ての問題へとつながっていることがわかっています。そのような親の生活は，子どもの食生活の乱れや生活リズムの不規則化，長時間労働による保育所保育の長時間化の原因となり，子どもの心身の発達に大きな影響を及ぼすのです。

　政府は，この状態を重く受け止め，2013年には「子どもの貧困対策の推進に関する法律（子どもの貧困対策推進法）」を施行し，子どもの貧困問題について総合的に対策を推進することにしました。

具体的には，子どもの将来がその生まれ育った環境によって左右されることがないように，政府は子どもの教育の支援，生活の支援，就労の支援，経済的支援等の多面的な施策を，国と地方公共団体が共同で推進するとしています。

（3）子育ての学び合い，支え合いを促す保育士

保育士には，子育ての専門家として保育を通して子どもの成長発達を促し，また，保護者にはアドバイスや指導を授けながらすこやかに子育てができるよう，生活や子育ての工夫や知恵をお互いに共有することが求められます。保育士は同じ年齢の子どもを抱えた親同士をつなげて「子育ての学び合いと支え合い」を促すことで，保育を通して親も子もともに成長し合う場を提供します。そのため，高い専門性と人間性に裏打ちされた実践力が求められているのです。

保育実習では，実際に多くの子どもたちと接し，現場で働く保育士と触れ合うことになります。日々の保育のなかに，多くの「気づき」があると思います。みなさんは，その「気づき」を大切にし，保育現場における1日1日の時間を大切にし，現場の保育士からさまざまな専門知識や技術，価値や倫理観を学び，豊かな人間性と保育観，確かな実践力を養っていただきたいと思います。

参考文献

森岡清美・望月嵩『新しい家族社会学（4訂版）』培風館，1997年。
戸田貞三『家族構成』新泉社，2001年。
西澤哲『子ども虐待』講談社，2010年。
門脇厚司『子どもの社会力』岩波書店，1999年。

保育をひらく扉①
虐待は脳を傷つける

子ども時代の虐待は発達の歪みをひきおこし、成人した後にもさまざまな精神的影響を残すことが知られています。子どもの脳が虐待を受けると、脳や神経系は傷つけられ、その影響は長く続くのです。それがゆえに虐待を「第4の発達障害」と位置づけられることがあります。

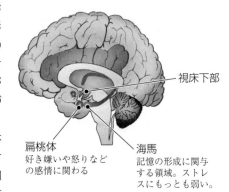

視床下部

扁桃体
好き嫌いや怒りなどの感情に関わる

海馬
記憶の形成に関与する領域。ストレスにもっとも弱い。

大脳には恐怖や不快を受け止める扁桃体という脳の部位がありますが、虐待を受けるとこの部分が興奮し、扁桃体の興奮は間脳の視床下部という部位に伝えられ、視床下部はストレスホルモンを分泌します。このホルモンが副腎皮質ホルモンを分泌させ、交感神経系を興奮させますが、過剰なストレスホルモンの分泌が脳神経細胞の発達を抑制あるいは損傷を起こすのです。一度損傷を起こした脳神経系の再生は不可能か、長い時間がかかります。

乳幼児期に不快や不安に長期にさらされると、ちょっとした刺激にも扁桃体が興奮し、視床下部からのストレスホルモン分泌が高くなる生理状態が常態化し、成長しても引き続き、不安刺激に反応しやすい神経ネットワークが形成されます。

記憶の脳である海馬が働くと、虐待体験を思い出しては、脳のなかでこの恐怖の神経回路の興奮が再現するので、虐待体験を思い出すたびに、脳内でストレス体験を繰り返すことになります。虐待はこのような脳の生理現象を通して発達を困難に陥らせるのです。

虐待とは、直接的な暴力によるものだけではありません。言葉により引き起こされる強い不快や不安、恐怖も虐待であり、脳に傷害を負わせます。

毎日子どもと保護者に関わる保育士の鋭い観察力と温かい子育て支援によって、子ども虐待の犠牲者を減らすことが可能です。

第2章
子どもと家族を支える福祉政策を理解しよう

> **学びのポイント**
> ・子どもの権利を支える法と制度を知ろう。
> ・保育、社会的養護の現状を知ろう。
> ・近年の保育政策を知ろう。

　日本における子どもを取り巻く環境は、待機児童問題や子どもの貧困、虐待問題、いじめや自殺など、深刻な問題を抱えているため、子育てへの社会的支援なしには、どの子どもの人生も、輝いたものにすることはできないでしょう。超少子高齢化時代を迎えている今日、子どもの問題は同時に、日本の未来社会を支える人々を育む課題とも言えます。近年、社会が責任をもって子どもの発達を支える必要があるとの認識はかつてなく広がり、さまざまな法整備が進むようになってきました。

　そこで第2章では、どのような法制度のもとに、子どもたちの発達や生活環境が守られ、子どもの保育や生活が支えられているのか、またそれを支援する保育施設や社会的養護施設の現状や近年の保育政策について学びを深めます。

1. 日本における児童福祉法制のあゆみ

(1) 日本国憲法と児童福祉法

　20世紀は戦争の世紀ともいわれ、おびただしい戦死者とともに多くの子どもが犠牲になってきました。21世紀の現在もなお、大人たちの戦争に巻き込まれ、生命を失ったり、飢餓に苦しんでいる子どもたちは増加しています。

　第二次世界大戦後、日本だけで280万人の軍属死者、80万人の民間人死者を出しました。戦後、引揚げ者、戦争による傷痍者、父親の戦死による母子家庭化などにより公的扶助を必要とする人々が急増し、1946年9月には生活保護法が制定されました。続いて、11月には日本国憲法が発布され、「国民主権」(第1条)、「平和主義(戦争放棄)」(第9条)、「基本的人権の尊重」(第11条)等が明記され、この3つの条項が日本社会の基盤となりました。なかでも「基本的人権」の理念は、第二次世界大戦の反省から世界の悲願となり、1948年の国連総会で採択された「世界人権宣言」において20

世紀後半の世界を照らす理念となりました。日本はそれに先んじて憲法に「基本的人権」を盛り込んだのでした。そのほか憲法を支える理念としては,「幸福追求権」(第13条),「生存権」(第25条),「教育を受ける権利」(第26条) などがあります。

その後,1947年に児童福祉法,1949年に身体障害者福祉法が成立し,生活保護法とともに福祉三法が制定され,今日の福祉社会の基盤ができあがったのです。

なかでも,児童福祉法は,すべての児童の健全な育成及び福祉の積極的増進を基本精神とする,児童の福祉についての根拠的総合的法律です。児童福祉法では,児童等の定義のほか,児童相談所や福祉事務所,保健所等の児童福祉機関の役割と業務,各種在宅福祉サービス,児童福祉施設などについて規定されています。保育所などの児童福祉施設の種類や目的,保育士の職務や運営条件なども規定されています。これまでに度重なる改正が行われてきましたが,2016年にも大きな改正が行われました。2016年の改正では,法制定から一度も改正されてこなかった理念規定(第1条,第2条)の改正が行われました。第1条において「全て児童は,児童の権利に関する条約の精神にのつとり,適切に養育されること,その生活を保障されること,愛され,保護されること,その心身の健やかな成長及び発達並びにその自立が図られることその他の福祉を等しく保障される権利を有する」として,子どもを「保護の対象」から,「権利の主体」として明記しました。そのうえで,第2条において国民,保護者,国・地方公共団体が,それぞれにこれを支えるかたちで,児童の福祉が保障される旨を明確化しました。なかでも第2条第2項で,「児童の保護者は,児童を心身ともに健やかに育成することについて第一義的責任を負う」と子どもに対して保護者が第一義的責任を負うことを明記したことも大きなポイントです。なお,第1条と第2条は「児童の福祉を保障するための原理」であり,児童に関するすべての法令の施行に当たって,常に尊重されなければならないことが,児童福祉法第3条に明記されています。児童福祉法が,子どもに関わる事項の根拠法として,非常に重要な法律として位置づけられていることがわかります。その他,2016年の改正では,児童相談所の体制強化や,親子関係再構築の支援や里親委託の推進など,被虐待児の自立支援などについても改正が多数行われました。また,この改正に伴い,児童虐待防止法に「しつけを名目とした虐待」について規定されるなど,関連法も多数改正されました。

(2) グローバルスタンダードの「児童の権利に関する条約」

1924年に国際連盟による「子どもの権利に関するジュネーブ宣言」が,1959年に国際連合による「児童の権利宣言」が発布され,日本においても1951年5月5日の子ど

もの日に,「すべての児童に最善のものを」という子どもの幸福を願った「児童憲章」を制定しています。

　1989年に国際連合は,「児童の権利に関する条約」を採択しました。締約国は, この条約の実現のため, 適当な立法措置, 行政措置を講ずる義務を負います。この条約では, 18歳未満の子どもを対象として, 子どもに「固有の尊厳及び平等のかつ奪い得ない権利」(前文) を認め,「いかなる差別の禁止」(第2条),「子どもの最善の利益」(第3条) に加えて,「年齢に応じた意見表明権」(第12条),「表現の自由・情報を得る自由」(第13条),「プライバシーの権利」(第16条) など多くの権利保障を明記しています。特に「充分に遊び, 休息する権利」(第31条) は, 日本においては塾通い, 発展途上国においては児童労働の問題として切実な課題と言えます。

　日本は1994年に批准しましたが, その後, 国連の「児童の権利に関する委員会」は政府に対し, 貧困問題との関連性から家庭支援などの改善を指摘するに至りました。先に述べた2016年の児童福祉法の改正は, 要求されている国際基準を取り入れたものです。

(3) 虐待防止法, 子どもの貧困対策推進法, その他の施策

① 児童虐待の急増と児童虐待防止法

　第1章で学んだように, わが国では, 児童虐待の増加が続いており, 2000年に「児童虐待の防止等に関する法律 (児童虐待防止法)」が制定されました。その後数度の改正を経て, 児童虐待の定義を確認し,「虐待の疑い」のレベルであっても, 保育士, 学校教職員らによる早期発見の努力義務と通報義務, 家庭への強制立ち入り調査時の警察官の援助要請, 親の同意なしの被虐待児の入所措置等が決められました。第1章の「保育をひらく扉①」で見たように, 虐待は子どもの脳への影響も大きく, 命に関わるものでもあり,「しつけ」だからと見過ごすことはできません。なお, 先にも述べましたが2016年の改正によって「しつけ」を名目とした虐待についても規定されて処罰の対象とされました。

② 子どもの貧困対策の推進に関する法律

　2013年, 子どもの将来がその生まれ育った環境によって左右されることのないよう, 貧困の状況にある子どもが健やかに育成される環境を整備し, 教育の機会均等を図るため, 子どもの貧困対策を総合的に推進する「子どもの貧困対策の推進に関する法律 (子どもの貧困対策推進法)」が成立しました。政府に「子どもの貧困対策会議」を設置し, 都道府県は子どもの貧困対策計画を作成して対策が進められることになっています。

③障害者の権利擁護のための法律

　2006年，国連は「障害者が全ての人権及び基本的自由を差別なしに完全に享有する」として「障害者の権利に関する条約（障害者権利条約）」を採決しました。日本はこれに伴い，「障害者基本法」や「障害を理由とする差別の解消の推進に関する法律（障害者差別解消法）」の整備を行い，2014年に同条約を批准しました。

2．保育・社会的養護の現状

（1）保育所の現状

　先に見たように，戦後に日本国憲法や児童福祉法等の制定によって，児童を取り巻く法制が進められていきました。これにともなって保育所等の児童福祉施設の整備も進められました。また，1947～1949年にかけては，ベビーブームによる出生数の増加に対応するために，保育所の増設が期待されるようになりました。1960年代には，働く女性がさらに増え，待機児童が増大し，「ポストの数ほど保育所を……」という保育士（当時は保母）と母親とが協働して展開した運動が全国的に広がり，多くの保育所ができました。

　その結果，1948年には保育所数が約1,800か所，入所児童数が約16万人であったのに対し，1965年には保育所数が約1万1,000か所，入所児童数が約83万人へ，さらに1975年には保育所数が約1万8,000か所，入所児童数が約163万人に及ぶに至りました。そして，2015年には，保育所数は約2万4,000か所，入所児童数は約216万人となっています（図2-1，図2-2）。

　このように，保育所入所児は幼稚園在園者の約1.5倍になり，女性の社会進出が増加し続ける限り，入所児は今後も増え続けることになるでしょう。このような保育ニーズに対してどのような対応をとるべきか，保育所はもちろんのこと幼稚園や認定こども園も含めて，保育施設のあり方については社会全体で考えていくことが求められます。

（2）社会的養護の現状

　社会的養護は，かつては，戦争孤児を含め両親との死別などにより，親がいなかったり親に育てられていない子どもへの施策でした。しかし，現在では，虐待を受けて心に傷をもつ子どもや何らかの障害のある子ども，DV被害の母子などへの支援を行う施策へと役割が変化しています。

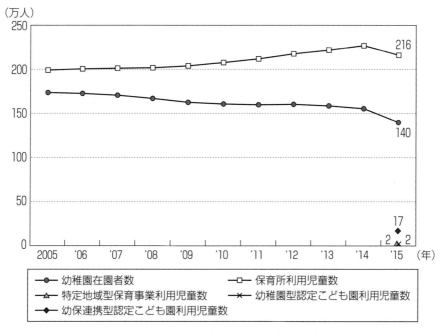

図2-1 保育所等の利用児童数の推移

出所:文部科学省「学校基本調査」,厚生労働省「保育所等関連状況取りまとめ」より作成。

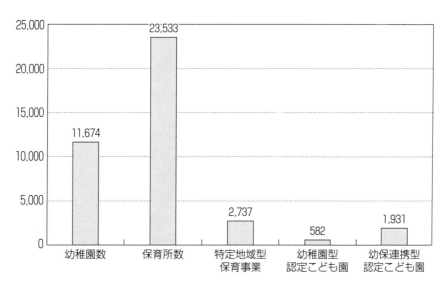

図2-2 保育所等の数の比較（2015年）

出所:文部科学省「学校基本調査」,厚生労働省「保育所等関連状況取りまとめ」より作成。

　このように，保護者のいない児童や被虐待児などの家庭環境上養護を必要とする児童に対し，公的責任として社会的養護が行われており，対象児童は約4万6,000人となっています（表2-1）。

　現在，社会的養護施設の多くは，数十人の子どもが1つの建物で生活をする大舎制

表2-1 社会的養護の現状——施設数，里親数，児童数等

里親	家庭における養育を里親に委託		登録里親数	委託里親数	委託児童数	ファミリーホーム	養育者の住居において家庭養護を行う（定員5〜6名）	
			9,949世帯	3,644世帯	4,731人			
	区分（里親は重複登録有り）	養育里親	7,893世帯	2,905世帯	3,599人		ホーム数	257か所
		専門里親	676世帯	174世帯	206人			
		養子縁組里親	3,072世帯	222世帯	224人		委託児童数	1,172人
		親族里親	485世帯	471世帯	702人			

施設	乳児院	児童養護施設	情緒障害児短期治療施設	児童自立支援施設	母子生活支援施設	自立援助ホーム
対象児童	乳児（特に必要な場合は，幼児を含む）	保護者のない児童，虐待されている児童その他環境上養護を要する児童（特に必要な場合は，乳児を含む）	軽度の情緒障害を有する児童	不良行為をなし，又はなすおそれのある児童及び家庭環境その他の環境上の理由により生活指導等を要する児童	配偶者のない女子又はこれに準ずる事情にある女子及びその者の監護すべき児童	義務教育を終了した児童であって，児童養護施設等を退所した児童等
施設数	134か所	602か所	43か所	58か所	243か所	123か所
定員	3,865人	33,017人	1,962人	3,753人	4,869世帯	826人
現員	2,939人	27,828人	1,358人	1,397人	3,465世帯 児童5,766人	486人
職員総数	4,661人	17,046人	1,024人	1,847人	2,051人	519人

小規模グループケア	1,218か所
地域小規模児童養護施設	329か所

※里親数，FHホーム数，委託児童数は福祉行政報告例（平成27年3月末現在）。
※施設数，ホーム数（FH除く），定員，現員，小規模グループケア，地域小規模児童養護施設のか所数は家庭福祉課調べ（平成27年10月1日現在）。
※職員数（自立援助ホームを除く）は，社会福祉施設等調査報告（平成27年10月1日現在）。
※自立援助ホームの職員数は家庭福祉課調べ（平成27年10月1日現在）。
※児童自立支援施設は，国立2施設を含む。

出所：厚生労働省「社会的養護の現状について（参考資料）」2016年。

から，12人以下の少ない子ども数を生活の単位とする，より家庭に近い小舎制での養育に移行していってます。愛着形成の保障や，18歳以降の青年期への継続的な支援の必要性，また，子どもたちの趣味や特技を伸ばしたり，年齢相応のさまざまな体験の機会をもつ，あるいは専門学校や大学への進学率の向上などは，施設で生活する子どもたちの大きな課題となっています。

3．少子化対策と子育て環境の整備へ

ここでは，これまでの少子化対策の流れを図2-3を参照しながらみていきます。

（1）育児休業法とエンゼルプラン——始まる日本の少子化対策

第1章で少子化が進行していることについて確認しましたが，この契機となったのが1990年の「1.57ショック」です。「1.57ショック」とは，それまで合計特殊出生率がもっとも低かった1966年の1.58を下回ったことからこのように呼ばれています（図1-2：5頁参照）。これを契機として，1994年に「エンゼルプラン」が策定され，少子化対策としての子育て支援施策が始まりました。政府は，0，1歳児の受け入れ枠の拡大，延長・休日保育の推進などの保育政策の改善を行いました。同時に，女性が子育てをしながら仕事が継続できるよう，1991年には，「育児休業法」が法制化され，子どもが1歳になるまでの一定期間，母親あるいは父親が休業する権利が保障されるようになりました。これらの制度改善により，女性が子育てをしながら，仕事に復帰できる環境整備が目指されたのです。

（2）新たな少子化対策の展開へ

エンゼルプラン策定後も少子化に歯止めがかからず，政府は，1999年に，少子化対策の第2弾として新エンゼルプランを策定しました。育児休業の普及や就学前の子どもをもつ親の労働時間の短縮が推進され，固定的な性別役割分担や職場優先の企業風土などが重点的に是正されました。また政府は，1999年に「男女共同参画社会基本法」を制定し，職場や家庭における男女平等の理念の実現を方向づけました。

しかし，その後も出生率低下に歯止めがかかる様子は見られず，さらに待機児童という新たな問題も出てきました。これらに対して，政府は次々と対策を打ち出していきます。2002年には，少子化対策プラスワンを提案し，翌2003年にはこの提案を踏まえ「次世代育成支援対策推進法」が策定されます。次世代育成とは，低下してしまった家庭や地域の子育て力を再び高め，次世代を担う子どもを育てる家庭を社会全体で支援していこうという考え方です。このような考え方に基づき，2004年には「少子化社会対策大綱」とその具体的な実施計画である「子ども・子育て応援プラン」が策定されました。しかし，この間も少子化は予想以上に進行し，2005年には合計特殊出生率が過去最低の1.26を記録することになりました。このような厳しい状況が続くなか，2007年に「『子どもと家族を応援する日本』重点戦略」が策定され，「働き方の見直しによる仕事と生活の調和（ワーク・ライフ・バランス）」が強調され，女性だけでなく男性の育児休業取得についても意識が高まるきっかけになりました。その後，2010年には「子ども・子育てビジョン」が策定されるとともに，新たな子ども・子育て支援

第Ⅰ部　理論編：保育実習に必要な知識って何だろう？

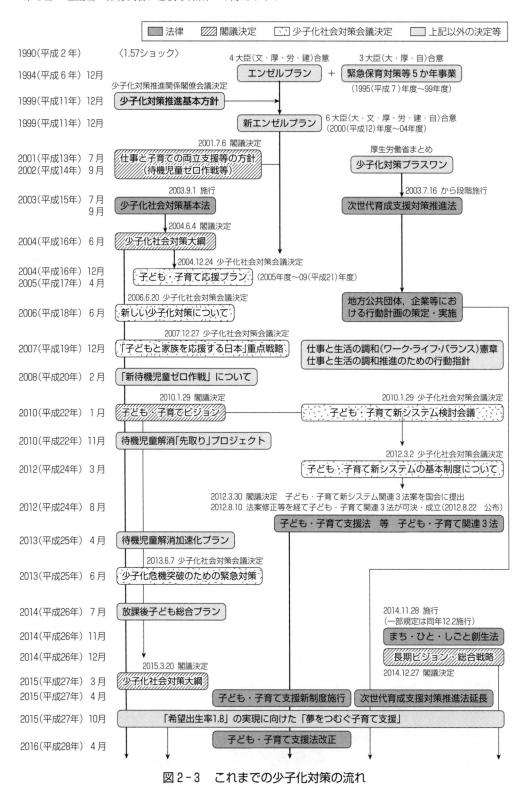

図2-3　これまでの少子化対策の流れ

資料：内閣府資料。
出所：内閣府（編）『少子化社会対策白書（平成28年版）』日経印刷，2016年，39頁。

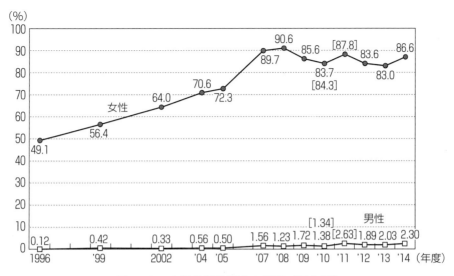

図2-4　育児休業取得率の推移（男女別）

注：2014年度調査においては，2012年10月1日から2013年9月30日までの1年間。
　　2010年度及び2011年度の［　］内の比率は，岩手県，宮城県及び福島県を除く全国の結果。
出所：厚生労働省（編）『厚生労働白書（平成27年版）』日経印刷，2015年，287頁より作成。

のシステムの構築を目指した議論が始められました。これが2015年から施行された「子ども・子育て支援新制度」につながっていきます。

このような施策の展開のなかで，女性の育児休業取得率は高まったものの，男性の育児休業取得率は依然として極めて低い実態にあります（図2-4）。

（3）「子ども・子育て支援法」の成立とこれからの保育の課題

2012年，幼児教育・保育・地域の子ども・子育て支援を総合的に推進することを目的に「子ども・子育て支援法」が制定されました。この法律では，「父母その他の保護者が子育てについての第一義的責任を有する」ことを確認しながらも，「地域，職域……あらゆる分野における」子育ての社会的責務を義務づけました。また，「地方自治体を子育ての施策の実施主体」とし，「幼保連携型の認定こども園の拡大」「国及び地方自治体での子育て会議の設置」などが盛り込まれました。この法律を含む，子ども・子育て関連3法に基づき，2015年度より「子ども・子育て支援新制度」が施行されています。

しかし，働く女性はさらに増加し，少子化傾向も止まらず，待機児童問題もさらに深刻化しています。このようななか，保育所の役割も社会の重要課題として位置づけられるようになってきました。なかでも，保育士の待遇改善が大きくクローズアップされ，政府は2015年12月「保育の担い手確保に向けた緊急的な取りまとめ」として，

保育士以外の人員配置の弾力化とともに，保育士の確保に向けて給与の改善の具体化も進めています。

　保育所の増加や保育士の増員も大変重要なことですが，保護者が安心して預けることができ，子どもたちが豊かな乳幼児期を過ごせるよう，保育士のさらなる質の向上が求められています。

第2章　子どもと家族を支える福祉政策を理解しよう

保育をひらく扉②
「赤とんぼの歌」と子守学校

　　夕焼け小焼けの赤とんぼ　おわれてみたのはいつの日か
　　山の畑の桑の実を　小かごに摘んだはまぼろしか
　　十五でねえやは嫁にいき　お里の便りも絶えはてた
　　夕焼け小焼けの赤とんぼ　とまっているよ　竿(さお)の先

　この歌は三木露風が作詞し，山田耕筰が作曲した，みなさんが知っている「赤とんぼ」の歌です。露風は5歳の時，両親が離婚して祖父に引き取られましたが，幼い露風の子守りに"ねえや"が雇われました。当時，多くの家庭では，きょうだいが下の子どもをおぶって世話することは当たり前のことでしたし，子どもが他家に奉公にでて住み込みで働いたり，子守奉公をすることはよくあることでした。この歌詞の"おわれてみたのは"は"ねえや"に背負われて見たという意味です。この"ねえや"は15歳という幼さで嫁いでしまったという一節も，この歌のもの哀しさを強めています。

　明治政府は，1872（明治5）年学制発布をして学校教育の普及を目指しましたが，学校に行けない子どもが多いという実情でした。そこで，1880（明治13）年には子守で学校に行けない子どもたちのために「子守学校」の設置を命じ，子守の子どもには義務教育を課す一方，乳児や幼児たちには保育を施しました。これが現在の保育所の始まりとされています。

　義務教育の「義務」とは子どもが学校に行く義務があるという意味ではなく，社会が子どもに教育を提供する義務をもつという意味です。どのような貧しい家庭に生まれたとしても，高等教育も含めて教育の機会が等しく与えられることが人権の大きな柱です。

　子守学校から150年，社会は大きく変容していますが，貧困・いじめ・不登校など，子どもたちの学びが依然として妨げられている現状があります。未来を支える子どもたちの苦しみは未来社会の危うさへとつながっています。早急な解決が社会や大人の責務です。

第3章
保育士の仕事と専門性を理解しよう

学びのポイント
- 保育士の仕事と多様な役割を理解しよう。
- 保育士の資格について学ぼう。
- 保育士の専門性や価値と倫理を理解しよう。

　本章では，社会から期待されている保育士の多様な役割を学んだうえで，保育士の仕事内容について理解を深めていきます。保育士は保育を通して，子どもの成長発達の支援や子どもに良好な生活環境を整えるための支援者です。子どもとその保護者に直接的に関わることを活かした支援においては，さまざまな保育の知識だけでなく，保育の倫理に基づいた専門性に加え，福祉の知識や人権意識が求められます。ここでは，これらが総合的に活かされるような保育の仕事とその専門性について学びます。

1．保育士の仕事を理解する

(1) 保育士の多様な活躍の場と多様な職務

　保育士とは，児童福祉法第18条の4で「この法律で，保育士とは，第18条の18第1項の登録を受け，保育士の名称を用いて，専門的知識及び技術をもつて，児童の保育及び児童の保護者に対する保育に関する指導を行うことを業とする者をいう」と規定された名称独占の国家資格です。つまり，保育士には，子どもたちの保育だけでなく，保護者に対する支援も求められています。
　保育士の就労の場として，一般的に多くの人は，保育所をイメージすると思います。実際に登録保育士のほとんどが保育所で働いていますので，このようなイメージをもたれるのも当然だといえます。しかし，児童福祉法に規定される児童福祉施設のうち，助産施設と児童家庭支援センターを除いたすべての施設において，保育士の配置が条件とされています。児童福祉施設は，社会の問題に幅広く対応できるように多様な機能や役割をもち，その対象も施設の機能にともない乳児から児童，母子までと幅広くなっています。また，児童福祉施設以外でも，無認可保育所やベビーホテルといった認可外保育施設や病児保育を専門に行う病児保育施設などでも保育士は働いています。

表3-1　児童福祉法による保育の目的

> 第39条　保育所は，保育を必要とする乳児・幼児を日々保護者の下から通わせて保育を行うことを目的とする施設（利用定員が20人以上であるものに限り，幼保連携型認定こども園を除く。）とする。
> ②　保育所は，前項の規定にかかわらず，特に必要があるときは，保育を必要とするその他の児童を日々保護者の下から通わせて保育することができる。

　ここでは，まずはじめに，主な職場である保育所と認定こども園の概要を説明したうえで，両施設の違いについても簡単に説明をします。それ以外の児童福祉施設の詳細については，本書第9章及び巻末資料2を参照いただくとして，ここでは児童福祉施設の多様な職務に焦点をあてて説明することとします。

① 保育所

　保育所とは，厚生労働省が管轄する児童福祉施設であり，「子ども・子育て支援新制度（以下，新制度）」の施行以前は「保育に欠けるその乳児又は幼児を保育することを目的とする施設」とされていましたが，新制度の本格的な施行（2015年4月）に伴う法律の一部改正により，児童福祉法第39条も改正され，「保育に欠ける」という表現ではなく，「保育を必要とする」という乳幼児の保育を行うことを目的とする施設として改められました（表3-1）。対象とする「乳児・幼児」というのは，0歳から小学校入学前までの乳幼児のことを指します。

　新制度では，「保育の必要性」について，①就労（フルタイムのほか，パートタイム，夜間など基本的にすべての就労に対応），②妊娠，出産，③保護者の疾病，障害，④同居または長期入院等をしている親族の介護・看護，⑤災害復旧，⑥求職活動，⑦就学（職業訓練を含む），⑧虐待やDVのおそれのあること，⑨育児休業取得時に，すでに保育を利用している子どもがいて継続利用が必要であること，⑩その他，上記に類する状態として市町村が認める場合の10項目を示しています。このうち，保護者の「すべての就労」が対象となったことや，求職活動，就学，育児休業児の継続利用等が新たに加わり，また虐待やDVのおそれ等，養護性の高い子どもへの対応が追加されました。

　また，保育所は地域の子育て支援の拠点としても位置づけられており，入所児とその保護者のみならず，地域の子育て中の親子に対しての支援もあわせて担っています。

　保育所で行われる保育は，養護と教育が一体となり展開されることに特徴があります。ここでいう「養護」とは，子どもの生命の保持及び情緒の安定を図るために保育士等が行う援助や関わりのことであり，「教育」とは，子どもが健やかに成長し，そ

の活動がより豊かに展開されるための発達援助のことを指します。

保育士は，保育の方向，ねらい，季節，行事などを織り交ぜて1か月の保育内容をまとめた月案，1週間の保育内容をまとめた週案，1日の保育の流れをまとめた日案を作成し，それらに沿って保育を進めていきます。

② 認定こども園

認定こども園は，「就学前の子どもに関する教育，保育等の総合的な提供の推進に関する法律（認定こども園法）」に基づき，小学校就学前の子どもに対する教育及び保育ならびに保護者に対する子育て支援を総合的に提供する施設として，2006年に誕生しました。端的にいうと，教育・保育を一体的に行う施設で，いわば幼稚園と保育所の両方の良さをあわせもっている施設といえます。認定こども園の特徴としては，保護者の就労の有無にかかわらず利用できること，保育時間の柔軟さ，子育て支援活動の充実などがあげられます。

認定こども園は，①幼保連携型（幼稚園的機能と保育所的機能の両方の機能をあわせもつ単一の施設として，認定こども園としての機能を果たすタイプ），②幼稚園型（認可幼稚園が，保育が必要な子どものための保育時間を確保するなど，保育所的な機能を備えて認定こども園としての機能を果たすタイプ），③保育所型（認可保育所が，保育が必要な子ども以外の子どもも受け入れるなど，幼稚園的な機能を備えることで認定こども園としての機能を果たすタイプ），④地方裁量型（幼稚園・保育所いずれの認可もない地域の教育・保育施設が，認定こども園として必要な機能を果たすタイプ）の4種類に分かれます。このうち，「幼保連携型認定こども園」は，2015年の改正認定こども園法の施行にともない，新たな単一の施設となりました。

認定こども園と保育所の違いについてはいくつかありますが，1つには保育・教育内容等の基準を示す根拠となるものが異なります。たとえば，認定こども園は，「幼保連携型認定こども園教育・保育要領」をふまえて教育・保育を実施（幼稚園型は幼稚園教育要領，保育所型は保育所保育指針に基づくことが前提）することになっていますが，保育所は保育所保育指針のみを根拠にしています。その他，設備・運営に関する基準も異なります。また，対象の年齢については，ともに0歳から小学校就学前までの乳幼児ではありますが，保育時間が異なる子どもたちが一緒に保育を受けるという点もあげられます。つまり，認定こども園では保育所と同じように夜まで園で保育を受ける子どもがいる一方で，午後になると帰る子どもたちもいるということです。これは，保護者の生活背景が異なるということでもあります。また，資格についても，認定こども園の幼保連携型では，保育教諭（幼稚園教諭の免許状と保育士資格を併有）を

配置することになっているのに対し，保育所は，保育士資格のみで従事できます。なお，幼保連携型認定こども園以外の認定こども園では，満3歳以上は幼稚園教諭と保育士資格の両免許・資格の併有が望ましいとされ，満3歳未満では保育士資格が必要となっています。その他，細かい点でもいくつか違いはありますが，保育の専門家として，子どもや保護者，地域の方々を支援するという点においては，大きな違いはないといえるでしょう。

③ その他の施設と地域での子育て支援

先にも述べたように，保育士は，保育所や認定こども園以外にも児童福祉施設でも活躍しています。ここでの保育士の役割は，働く施設によって異なります。児童福祉施設で働く保育士が対象とする子どもたちの年齢は，乳児から18歳未満の子ども（自立支援ホームでは22歳まで）です。そこで，保育士は，他の専門職の方とチームを組んで自分が担当している子どもたちへの支援を行います。支援内容は，子どもの生活支援から始まり，就学支援，就労支援，家族支援と多岐にわたります。それぞれの子どもに応じた個別計画を立て，他職種と連携をして，子どもたちの意思を汲みながらニーズに沿った支援を行います。

他職種のなかでの保育士の役割の1つとして，子どもたちの生活に密着したかたちで支援を行うことから，子どもたちの側から意見を出していくことがあげられます。日々の子どもたちとの会話や生活をともにするなかから，子どもたちが何を思い，何をしたいのか，その気持ちを汲みとりながら，支援を行います。そして，他職種とチームで支援していく関係上，保育士は子どもたちの問題に対し子どもの立場に立って考え，意見を出したり，問題解決，判断していくことが求められます。そのため，コミュニケーション能力や人間性はもちろんですが，保育の知識や福祉の知識も求められ，問題に対して柔軟に対応できる力も求められます。

また，保育士には，地域で行われる子育て支援のサポートをする役割が求められます。ここでは，地域にいる未就園児とその保護者が主な対象となります。保育の専門家として，地域で行われるさまざまな活動の指導や子育てに関する相談に積極的に関わることが期待されています。地域で行われている保護者間の交流や子どもの主体性を育むプログラム等を通して，子どもの育ちと親の育ちに関心をもち，保育の専門家として積極的に関わり，アドバイスをすることが期待されています。

（2）保育士資格と幼保連携型認定こども園の保育教諭

保育は，資格をもたなくても保育スタッフとして保育士の補助業務に携わることが

表3-2　保育士資格取得のための履修科目

必修科目	
保育の本質・目的に関する科目	保育原理，教育原理，児童家庭福祉，社会福祉，相談援助，社会的養護，保育者論
保育の対象の理解に関する科目	保育の心理学Ⅰ，保育の心理学Ⅱ，子どもの保健Ⅰ，子どもの保健Ⅱ，子どもの食と栄養，家庭支援論
保育の内容・方法に関する科目	保育課程論，保育内容総論，保育内容演習，乳児保育，障害児保育，社会的養護内容，保育相談支援
保育の表現技術	保育表現技術
保育実習	保育実習Ⅰ，保育実習指導Ⅰ
総合演習	保育実践演習
選択必修科目	保育に関する科目（保育の本質・目的に関する科目，保育の対象の理解に関する科目，保育の内容・方法に関する科目，保育の表現技術） 保育実習Ⅱ，保育実習指導Ⅱ 保育実習Ⅲ，保育実習指導Ⅲ

出所：「児童福祉法施行規則第6条の2第1項第3号の指定保育士養成施設の修業教科目及び単位数並びに履修方法」の別表第1及び別表第2をもとに作成。

認められています。しかし，保育士資格は，専門的な知識をもっていることを証明するため，保育士資格保有者の社会的需要がますます高まっており，資格取得を目指す人が増えてきました。

　ここで，保育士資格を取得する方法について紹介します。保育士資格は，厚生労働省が指定する指定保育士養成施設で所定の単位を修得し卒業する方法と，厚生労働省が実施する国家試験の保育士試験に合格し取得する2つの方法があります。まず指定保育士養成施設で取得する方法では，養成施設に入学し，「指定保育士養成施設の指定及び運営の基準について」に基づいて，養成施設で定められた指定科目の履修を行い，単位を修得し，卒業すると保育士資格を取得できます（表3-2）。

　一方，保育士試験で取得する方法では，第一の段階として筆記試験があります。指定された全8科目（保育原理，教育原理及び社会的養護，児童家庭福祉，社会福祉，保育の心理学，子どもの保健，子どもの食と栄養，保育実習理論）のすべてを6割以上とると一次試験を突破できます。一次試験に合格したら，次は実技試験です。実技試験は3科目（造形，音楽，言語）の内2科目を選び，2科目とも合格すると保育士資格を取得できます。

　また，2015年度から施行された子ども・子育て支援新制度では，幼保連携型認定こども園についても関連法が改正されており，子どもの教育・保育に従事するためには，幼稚園教諭免許と保育士資格の両方をもつ「保育教諭」の資格を求められることになりました。今は免許の切り替えの経過措置期間であり，2015～2019年度の間は，幼稚

園教諭免許，保育士資格のいずれか一方の所有者でも「保育教諭」として，子どもの教育・保育に従事することができます。今後は，認定こども園の増加とともに，「保育教諭」の資格を所有したうえで，保育に携わる保育士が増えることが社会から期待されているといえます。

2．保育士の専門性とは何か？

保育とは，その仕事の内容から保育士個々の人間性や経験知に大きく左右される職業であるといえます。しかし，保育士は，国家資格なので，「保育」に携わるうえで，専門性として，確かな知識・技術や高い倫理観を携えていることが求められます。

(1) 保育士に求められる知識と技術

「保育所保育指針解説書」では，保育士の業務として先に述べた児童福祉法第18条の4をふまえ，保育士の専門性について「知識・技術」の側面から次の6点が説明されています。

①子どもの発達に関する専門的知識を基に子どもの育ちを見通し，その成長・発達を援助する技術

②子どもの発達過程や意欲を踏まえ，子ども自らが生活していく力を細やかに助ける生活援助の知識・技術

③保育所内外の空間や物的環境，様々な遊具や素材，自然環境や人的環境を生かし，保育の環境を構成していく技術

④子どもの経験や興味・関心を踏まえ，様々な遊びを豊かに展開していくための知識・技術

⑤子ども同士の関わりや子どもと保護者の関わりなどを見守り，その気持ちに寄り添いながら適宜必要な援助をしていく関係構築の知識・技術

⑥保護者等への相談・助言に関する知識・技術など

このような「専門的な知識・技術」をもって子どもの保育と保護者への支援を適切に行うことはとても大切なことです。加えて，これらの知識や技術，そして，倫理観に裏づけられた「判断」が強く求められます。日々の保育における子どもや保護者との関わりのなかで，状況に応じた判断をしていくことは，保育士の専門性として欠かせないものでしょう。

（2）保育士に求められる価値と倫理

　専門職には，価値と倫理を有し，高い専門性とともに全人的な支援を行うことが求められます。保育における「価値」とは，保育実践において保育士がもっとも大切にすべきもの，「倫理」はその価値を具体化するための約束事，あるいは考え行動するうえでのルールであるといえます。2003年に策定された「全国保育士会倫理綱領」では，「子どもの最善の利益」がその柱として据えられています（巻末資料参照）。「子どもの最善の利益の尊重」という価値を具現化するためにふさわしい行動規範が求められています。したがって，保育士は常に自身の価値観や自らの保育を振り返りながら，保育を行う必要があります。そのため，常に真摯な態度で自己研鑽を続ける姿勢と努力が求められているのです。

（3）保育士に求められる専門性

　先に述べた，知識・技術や価値・倫理をふまえ，改めて保育士に求められる専門性について，以下にまとめてみます（図3-1）。

① 子どもの発達理解

　一人ひとりの子どもを支援するためには，子どもの発達を正確に理解し，発達のプロセスをふまえたうえで，成長を促す支援が求められることになります。子どもが何をどこまでできるようになったか，より伸ばしていける部分はどこか等，子どもの発達を日々の保育のなかで観察する必要があります。そして，子どもが生活や遊びをいきいきと展開できるよう，環境構成，遊びの展開，友だちや環境との関わりなどを常に考慮した保育を展開する能力が必要となります。また，家庭環境，病気や障害等の特別なニーズをもつ子どもの特性に関する知識やそのニーズに対応した支援の展開，関係機関との調整能力や他専門職との連携，保育の実践のための知識や福祉のソーシャルワークの技術等が必要となります。

② 保護者支援・子育て支援

　子どもを育てる立場にある保護者の「子育て」を支えることは，保育士の重要な役割として位置づけられます。これらの支援においては，保護者からの相談に応じ，子育ての指示や情報提供，そして，必要に応じた地域の他の子育てに関連する専門機関との仲介や調整を行う等，ソーシャルワーク的な生活援助などの関わりが求められます。子どもや子育て家庭に対する支援において，ソーシャルワークに関する知識と技術は，今後ますます必要とされてくるでしょう。

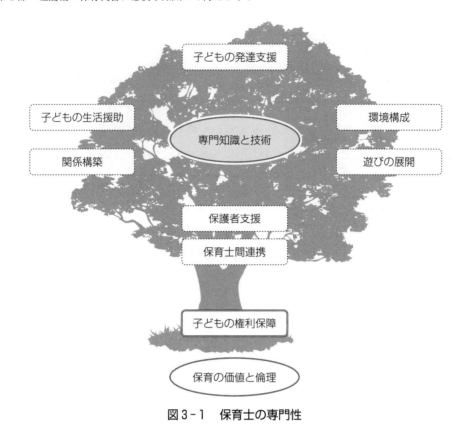

図 3-1　保育士の専門性

③ 連携体制の構築

上述のように子どもと子育て家庭を支援していくためには，所属している保育所等だけではなく，保育所の組織間，地域のさまざまな場所・人等とのネットワークを構築していくことが求められます。保育士は，地域にどのような機関や施設があり，どこへ行けば必要な情報を得られ，サポートを依頼できるか等を把握し，日頃から相談できる体制を整えておくことが重要です。

また，保育所内においてもクラス担任のみが子どもや保護者の問題に対応するのではなく，組織全体でさまざまなケースについて共有し，必要な支援を組織全体で行っていく体制が必要です。子ども一人ひとりの発達ニーズに即した効果的な対応を可能とするためには，保育士間の強い連携が不可欠となります。保育士には子ども，保護者，保育士間，他の専門職や機関等，他者との円滑なコミュニケーションを紡ぐことのできる技術が求められます。

④ 制度理解

子どもに関する法律としてもっとも適用されるのが児童福祉法ですが，ほかにも児童虐待の防止等に関する法律，子どもの貧困対策の推進に関する法律等があります。

子どもと家庭の現代的課題に対する法律を理解し，また法改正の動き等の最新の状況をおさえておくことは大切なことです。2015年度から施行された，「子ども・子育て支援新制度」も実習前にもう一度確認しておきましょう。

3．保育士に求められる現代的役割

（1）地域の子育て支援

保育士は，上述のように専門的知識と技術等をもって，主に乳幼児期の子ども一人ひとりに対し，教育と養護的な側面から必要な支援を行います。子どもたちが主体となれる環境を構成し，安定した生活のなかで，その子どもらしい発達ができるよう，保護者とともに支える役割を担っているのです。

保育士の主要な役割は，これまで保育所をはじめとする児童福祉施設における子どもに対する保育を行うことでした。しかし，その役割は社会の変化にともない，子どもとその保護者にまで対象が拡大してきました。ここでいう子どもと保護者は児童福祉施設に現に入所している利用者のみを指すのではなく，施設が存在する広範な地域の子育て家庭までを意味します。特に1990年代には，子育て家庭への支援は児童福祉施設においてもっとも施設数が多く，地域との関係性も強かった「保育所」が地域子育て支援の重要な拠点として位置づけられるようになります。1995年から国の特別保育事業として始まった「地域子育て支援センター事業」は，保育士等による育児相談，園庭開放，育児講座等，「地域子育て支援拠点事業」となった現在まで，地域の子育て家庭の拠り所として重要な役割を担っています。保育士が保育実践から体験的に学び得た子育てに関わる知識や技術を子育て家庭へ還元することで，子育ちと子育てを支えているといえます。

一人ひとりの発達を理解したうえで，保育士が子どもへの養護・教育等を適切に行う「保育」の実践は，保育士の本質的な役割であり，その重要性はゆるぎないものです。しかし，一方で子どもが育つ基盤である家庭に対する支援も，必要に応じて保育士が担うことになりました。子どもの「最善の利益」を保障するうえで，保育士がその福祉の知識に加え，相談援助の技術を習得し，必要に応じた個別支援を充実させることが求められています。

（2）子どもの権利保障──子どもの最善の利益

保育所保育指針では，保育所は「健全な心身の発達を図ることを目的とする児童福

祉施設であり，入所する子どもの最善の利益を考慮し，その福祉を積極的に増進することに最もふさわしい生活の場でなければならない」旨が示されています。この「最善の利益」の尊重は，児童家庭福祉の中心的なテーマであり，人としての基本的権利を擁護する営みであるといえます。1989年に国際連合が採択した「児童の権利に関する条約」では，第3条において行政機関や社会福祉施設，立法機関や法律等における措置の原則として「子どもの最善の利益」が考慮されることが明示されました。大人は子どもたちの権利を大切にし，子どもの立場や視点から子どもへの関わりを考えていくことの必要性があることを謳ったものであるといえるでしょう。

　保育では，子ども同士の関係，子どもと保護者の関係，あるいは子どもの家庭生活の状況，保護者の抱える課題等，子どもを取り巻くさまざまな側面に保育士が関わることになります。特に，子どもは発達途上であり，養育や保護を必要とします。また，年齢が低いほど環境を自らの手で変化させることは難しく，自分自身のことを十分に表現できない場合が大人に比べ多くあります。そのため，保育士は時に子どもの置かれた状況やその想いを代弁し伝え，その権利を保障する役割を担います。また，子どもだけではなく，子どもを育てる保護者を支えることで子どもたちが心身ともに安定でき，その子らしい成長発達ができるよう働きかける必要があります。児童福祉の専門職である保育士にとって，子どもの権利保障を担うことは，決して新たな役割ではありません。しかし近年，子どもの貧困，虐待問題など社会的養護問題が深刻化するなかで，その責任と期待はいっそう増しています。

　以上，保育士の現代的な役割について述べてきました。新たな役割が期待される一方で，保育士の負担は増大しているともいえます。保育士が役割を遂行できるように，充実したサポート環境を周囲に整備していくことも重要な課題です。保育士としてのアイデンティティを失わず，ストレスコントロールや業務負担とのバランス等をとりながら日々の保育に携わることができるよう，自分自身を管理していく力も他の専門職同様に求められています。

参考文献
網野武博・無藤隆・増田まゆみ・柏女霊峰『これからの保育者にもとめられること』ひかりのくに，2006年。
相澤譲治（編）『七訂　保育士をめざす人の社会福祉』みらい，2015年。

保育をひらく扉③
どうして子どもはかわいいのか？

　動物の赤ちゃんに共通するのは，小さな体，まるっこい顔，つぶらな瞳，あたまでっかちなプロポーション，あるいはぎこちない歩き方など，共通する形や行動があります。私たちは，人間の乳幼児にだけでなく，子猫や子犬にも「かわいい！」と強く惹きつけられ思わず抱きたくなります。

　他の動物はどうでしょうか？　野生界でも，サバンナで群れから離れて迷っているトムソンガゼルの仔を群れに戻してやった雌ライオンの例，水場で出くわした水牛の子どもに攻撃をやめて撤退したゾウの母親など，自然がもつ子どもへの保育本能が種を越えて発揮される場面が観察されています。

　乳幼児のかわいらしい特徴が，母親はもちろん父親あるいは他の大人たちの保育本能を引き出すのです。

　これらの本能的な保育行動があるはずなのに，子どもへの虐待などが引き起こされるのはなぜでしょうか？　保育行動の発露には脳下垂体から分泌される子育てホルモンともいわれるプロラクチンやオキシトシンが作用します。ストレスが強くかかるとこれらのホルモン分泌が抑えられ，ストレスホルモンが多く分泌され，不安定で排他的な脳を生みだします。

　ストレス社会といわれる現代において，日々子育てをするというのは，とても大変なことです。また保育という仕事も子育てと同様に，命を預かる責任ある大切な仕事です。その分，ストレスが多いのも事実でしょう。ですから，保育士と保護者は互いに共感し合い，子育ての喜びを感じ合い，笑いのある楽しい関わりを育てていくことが大切です。また，十分な睡眠と栄養によってリラックスできる心と体を準備しましょう。

参考文献
　小原秀雄『動物たちの社会を読む――比較生態学からみたヒトと動物』講談社，1987年。

第4章
子どもの発達を学んで保育支援をしよう

> **学びのポイント**
> ・子どもの発達とは何かを理解しよう。
> ・0〜18歳までの子どもの発達の姿を理解しよう。
> ・特別な支援を必要としている子どもと家庭を理解しよう。

　本章では，保育士として子どもを理解するために，①子ども期の発達過程，②子どもの発達をみる視点，③特別な支援が必要な子どもの発達保障とその家庭の現状と支援について学びます。保育現場では，支援の対象は新生児から18歳までとその幅が大きく，その間に子どもは著しい変化を遂げます。保育者は，子ども一人ひとりの個性や特性，年齢による特徴の違いをしっかり捉えて支援をします。また，特別な支援を必要としている子どもたちやその家庭がどのような支援を必要としているのかを理解し，支援をする必要があります。

1．0〜18歳の子どもの発達

　子どもは自らの内に生まれて育つ力をもっています。子どもは，かつては，大家族や集落のなかで，ふんだんにあった自然や環境と関わりながら育ってきました。"ヒトは文化という産着を着て育つ"という表現がありますが，発達期の子どもにとって，環境や文化，大人たちとの関わりがいかに重要かを指摘しているのです。

　保育士は子どもの大切な発達期を支えます。子どもの発達環境を整え，子どもの心と体の発達を支えるうえで重要な役割をもちます。発達の仕方や速度にはそれぞれの子どもごとに個性があることを十分理解し，個々の子どもの発達の変化や課題を捉えて，子どもとともに発達の喜びを共有できる保育者である必要があります。

　保育実習は，乳児院，児童養護施設，障害者通所施設，保育施設など，多様な施設で実施されます。保育の対象は0〜18歳と幅が広く，発達期に応じた支援の仕方が求められます。生活支援，教育支援といっても年齢や発達の速度によって大きく異なり，保育士には幅広い知識や技術が要求されます。

　次に，子どもの発達について，大きく「乳幼児期」「児童期」「青年期」の3つに区分し，それぞれの時期の標準的な子どもの姿を概観します。

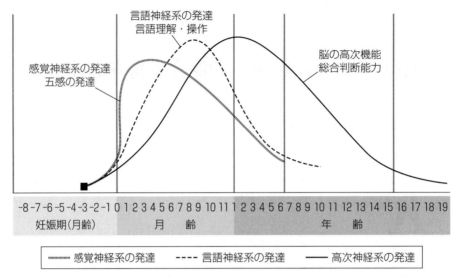

図4-1 子どもの月齢，年齢による脳神経系の発達
出所：http://developingchild.harvard.edu/resources/inbrief-science-of-ecd/ より翻訳。

(1) 乳幼児期の子ども――著しい心と身体の発達

　子どもは母親の胎内で約40週を経て誕生します。新生児は，すでに視覚，聴覚，皮膚感覚などをもち，ヒトの顔の識別，声などの音の聞き分けをすることもできます。吸乳（吸啜）反射など生得的な反射能力をもち，またお腹が空いたり，おむつが汚れたりすると不快で泣き，満足や安心を感じ，それらを豊かに身体反応で表現することができます。乳児期は皮膚感覚も含めて五感を発達させる時期ですから（図4-1），声かけやスキンシップなど子どもの安心と喜びを十分に促します。

　3か月頃に首がすわり，6～7か月頃にはお座り，続いて這い這いができるようになり，1歳の誕生日を迎える頃には，直立二足歩行が確立します（図4-2）。また，手，指，腕を繰る能力は，3～4か月には手の平と指を使ってものをつかみ，まもなく幼児用ハサミを使えるようになり，11か月頃には人差し指と親指でものを挟むことができるようになります（図4-3）。このような発達には筋肉や骨格の発達とともに，またそれらを協働的に統御する脳神経系の発達がともなっており，四肢の運動力の獲得によって行動範囲が広がり，認知，言語，情操，社会性などの発達が促されます。自分の欲するものを取りたい，欲するところに行きたいなど，思いや意思，さらに目的を遂げた時の安堵や満足など，人間らしい感情の発達が確かになる時期です。子どもの思いに心を寄せた保育士の共感と肯定によって，子どもの心や行動は意味あるものとして定着し，伸ばされていくのです。

第4章 子どもの発達を学んで保育支援をしよう

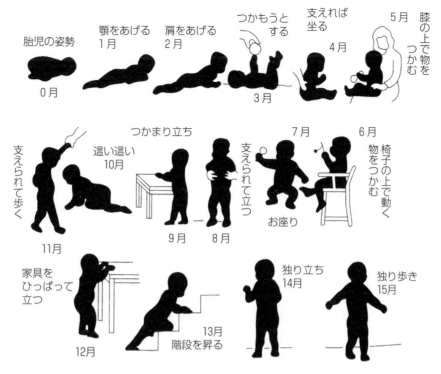

図4-2 0〜15か月までの体幹機能の発達と体位

出所：山下俊郎『幼児心理学（第2版）』朝倉書店，1983年，35頁より一部改変。

2〜3か月	4〜5か月	5〜6か月	6か月〜	8か月〜	11か月〜
つかませるとしばらく握る（把握反射から随意的把握へ移行する）	手掌把握 手全体でつかむ	全指把握 指全体でつかむ	橈側把握 親指側でつかむ	鋏状把握（はさみ持ち）親指と人差し指の腹で挟む	ピンセットつまみ（釘抜つまみ）親指と人指し指の先を対向してつまむ

図4-3 乳児の手の機能の発達

出所：宮尾益知『ベッドサイドの小児神経の診かた（2版）』南山堂，2003年，59頁より一部改変。

　乳児期には，親や特定の周囲の大人への信頼によって「愛着」が形成されます。子どもは「愛着」の対象をいわば自分を守る基地として，不安や葛藤を乗り越え，新しいことに挑戦し世界を広げていきます。「愛着」関係は母親や父親とだけに形成されるものではありません。日中多くの時間を子どもと過ごす保育士との間にも形成され，子どもの安定した心の発達を支えます。保育士は日々の遊び，食事，排泄，睡眠を通

して、子どもとの「愛着」関係を築きます。

　幼児期（2～3歳）になると、自我が芽生え始め第一次反抗期が訪れます。反抗と依存を繰り返すなかで、自己が形成され、子どもたちの世界は広がり、自己主張だけでなく自己抑制も少しずつ身につけていきます。

　言語理解は発語よりだいぶ前から始まりますが（図4-1参照）、「マンマ」「ニャーニャ」の1語文は1歳頃、「ワンワン、いた」などの2語文は2歳頃、さらには「ワンワン、あそこにいた」などの3語文は3歳頃を目安に展開します。発音が明瞭ではなくても、発語する意欲を喜びと感じられるよう、子どもの言葉に十分共感しながら、ゆったりとした気持ちで発語を促します。

　幼児は言語神経系及び言語操作を獲得し、言語によって仲間と共感する力が育ちます。自分の感じている気持ちをヒントにして、他者の心を理解することができるようになり、関わりのなかで言語操作を発達させます。年長児（5～6歳）ともなると、幼児期の長としての自覚や誇りが芽生え、他者との協力や役割分担など、年下への配慮、ルールをふまえた行動ができるようになります。

　乳幼児期は急速な発達を遂げる時期ですが、子どもは前進と後退を繰り返しながら個々のスピードで成長していきます。保育士は、決して焦らず、子どもとの日々の関わり合いを通して喜びを分かち合い、子どもの自己肯定感を育むとともに、その子らしく成長していけるよう支えていくことが必要です。

（2）児童期の子ども——学習自立・生活自立・精神的自立へ

　幼児期までに引き出されてきた環境への好奇心や興味は、小学校低学年になると自覚的な学習活動へと引き継がれます。言語は識字や書字を通してより豊かに発達し、自然や環境への興味や好奇心も、さまざまな体験とともに広がります。低学年では幼児期の特徴をもちながらも、集団的行動や友だちとの関わりも強くなりますが、まだ親への甘えや自己中心的な行動や思考もしばしば見られます。小学校中学年以後は具体物に沿った思考から抽象的思考ができるようになり、意志や行動力がより強くなり、自己実現への意欲が育まれていきます。一方、今日の社会状況のなかで、小学校期はゲーム・各種メディアへの関心や要求が強くなる時期です。しかし、なるべくスポーツや自然のなかでの活動など、異年齢集団や大人が関わりながら子どもが世界を広げ夢中になれる体験の機会を増やすことが重要です。また、幼児期児童期を通して、早寝早起き、食事、排泄などの1日の身体のリズムを大事にした生活習慣の確立に努めます。

小学校高学年になると第二次性徴期に入り、中学前半までの時期を思春期前期として区分します。初潮は9〜15歳と個人差が大きく、男子の精通はこれより1、2年遅れます。この時期の身体と心（脳）の発達はかなり個人差がありますので、子どもの一人ひとりの違いや心情を十分汲んだ支援が求められます。この第二次性徴期を通して、自分の身体の新たな変化を受け止めきれずに混乱することも少なくありません。人間としての成長の過程としての性成熟を温かく見守り、必要に応じて相談にのりましょう。

（3）青年期の子ども――思春期中期と揺れる心

　第二次性徴期を中心とする身体の変化は、乳児期の発達に続く急速な発達の時期であり、第二発育急進期ともいわれます。

　中学後半から高校までを思春期中期、その後20歳までを思春期後期と区分します。思春期中期には、往々にして判断や行動が未成熟で、不安を過度に感じているかと思えば、不安を押しのけて行動が暴走し、問題行動を引き起こすこともあります。自立や対等性を求め、大人への批判と攻撃や自己主張を増大させますが、一方で仲間集団をつくり、そのなかでの自己の評価を求める「他者承認」への要求を強くもち、集団内での自分の居場所を求め、強い結合力をもって仲間と「群れ」ます。そして、まだ未熟な内省力によって、自己否定や自己肯定との間を揺れ動きます。このような心の動きも、自分のありようを求める「自分探し」、納得できる自分のあり方を探る「自己承認」の過程であり、発達の道筋のなかにあります。

　この思春期の特徴的行動は男女や個々人により異なりますが、共通して異性への目覚めをともないながら成長します。しかし、同時に思春期は豊かで鋭い感受性をもち、人間として大きく成長する時期でもあるのですから、両親や親戚、友人や先輩、教員や隣人など多様な人々を知り、加えて多様な芸術文化に接することにより、人間の豊かな精神活動を知り、自己実現への希求を育めるように支援する必要があります。また、日頃から年齢相応の自律的で行動責任を担える子どもの集団づくりを促し、社会的能力を成長させることが必要です。

　養護施設の子どもたちは、成育歴や生活環境等が大きく影響し、自己評価が低く閉じ込もりがちな子ども、あるいは興奮しやすく問題行動を起こす子どもなどもいます。日頃から、保育士だけではなく児童相談員、臨床心理士、精神科医などのスタッフ全員によるケーススタディや子どもへの定期的カウンセリングなどを実施しながら、時間をかけて社会的自立への支援を行うことが大切です。

児童福祉法の対象としては、原則的に18歳未満の児童とされていますが、18歳を過ぎても家族による支えや社会的養護は必要です。2016年の児童福祉法の改正によって、18歳未満の入所制限が緩和され、20歳に達するまで入所等の措置を可能にしました。また、大学就学中の者は、自立援助ホームへの入所を、22歳の年度末まで可能にしました。

2．保育士としての子どもの捉え方

子どもの育ちを理解し、成長発達を支えていくことは、保育士の基本的な仕事です。子どもの育ちは一人ひとり異なりますが、子どもがもっている心身を発達させる生命力や社会力を引き出し、自立の力を引き出す支援が保育士に求められています。

（1）保育士は子どもを見る目と待つ心が必要

保育活動の基礎には「子どもの最善の利益」があり、保育士はその実現のために、子どもの生活や活動を支え、豊かな環境との関わりを促す存在であるといえます。児童期の日々の生活の積み重ねが人間形成の基礎をつくり上げているのです。働きかけに対して子どもがすぐに変わるとは限りません。時間をかけて子どもが応答するのを"待つ"心がけが大切です。

子どもの発達のプロセスを学ぶことは、保育士の観察能力を補強するという意味では大事ですが、何よりも大事なことは、保育士が自分の心の温かさ、優しさをもって子どもの存在を受け止め、子どもの心とその行動に寄りそって、子どもの思いを汲み取りながらもっとも身近な大人の援助者として働きかけることです。

（2）子どもの生活全体を捉える視点

子どもは人的環境、社会環境、自然環境との相互作用を通して成長していきます。子どもを取り巻く環境は重層的であり、複雑に絡み合っていることが少なくありません。保育士は、保育場面における子どもの姿だけに注目していてはいけません。日々の活動や言動の奥にある心のありようを感じとってください。子どもが得意なことや大好きな活動等にともに取り組むことを通して、子どもの支援に必要な情報を集めることができます。さらに、保育所等の施設における友だちや保育士、建物、遊具など人や物との関係、また保育所以外でつながっている場所や人、家庭での生活等、さまざまな子どもとの関わり合いのありようを丁寧に観察することを通して見えてくるものがあります。特に家庭は子どもにとって第一義的な環境です。家族が抱える生活上

第4章　子どもの発達を学んで保育支援をしよう

表4-1　子どもに対する大人の基本的な姿勢

```
Silence（静かに見守ること）
    子どもが場面に慣れ，自分から行動が始められるまで静かに見守る
Observation（よく観察すること）
    何を考え，何をしているのかよく観察する。コミュニケーション能力・情緒・社会性・
    認知・運動などについて能力や状態を観察する
Understanding（深く理解すること）
    理解し，感じたことから，子どものコミュニケーションの問題について理解し，何が援
    助できるか考える
Listening（耳を傾けること）
    子どものことばやそれ以外のサインに十分，耳を傾ける
```

出所：竹田契一・里見恵子（編著）『子どもとの豊かなコミュニケーションを築く　インリアル・アプローチ』日本文化科学社，1994年，13頁。

の問題が子どもに強い影響を与えている場合もあります。子どもを理解するうえで，育ちの環境との関係性に着目し，注意深く見ていくことが，保育士には求められるのです。

　最近では，子ども自身と子どもを取り巻く環境を理解するためのツールとして，アセスメント・シート等が用いられることもあります。経験に裏打ちされた直感的判断だけではなく，客観的な評価を可能とするようなツールを活用することも，保育実践の質を向上させる一助となります。

（3）子どもとの関わりにおいて大切なこと

　保育では子どもと保護者を生活の全体のなかで捉える視点が大切です。保育士は日々の保育において，子どもと直接的に関わる時間がもっとも長く，子どもとの相互作用から得られる情報を多くもっていると思われます。それゆえに，子ども理解を深めるために，どのような関わり方が望ましいのか，日々省みる必要があるでしょう。

　表4-1は，インリアル・アプローチの「大人の基本姿勢」とされるもので，頭文字をとって「SOUL」と称されています。この姿勢を守ることのねらいは，子どもが場や人になれ，自然でいきいきとした状態で実力を発揮できる環境を提供することにあるとされます。このアプローチは，主に障害児教育や療育の場で用いられるものですが，子どもと関わるうえで大切な4つの視点を示しているといえます。保育士は子どもの視点に立ち，子どもの世界をともに感じることと同時に，客観的に子どもの言動を観察し理解を深めることが必要とされます。

3．特別な支援が必要な子どもについて

（1）障害のある子どもへの保育

　子どもたちは一人ひとりが異なった魅力ある存在であり，人としての尊厳が保たれなければなりません。保育士には子どもたちの育ちを支えるうえで，個々の発達ニーズを捉えながら関わっていく姿勢が求められます。

　障害のある子どもに対する保育は，1974年に国の公的事業となり，障害のある子どもと定型発達児との統合保育を行う保育所数が増加してきました。また，児童養護施設等の児童福祉施設においても，障害のある子どもたちが多数入所している実態があります（表4-2）。保育士は子どもの障害とその支援の方法を子ども一人ひとりに寄り沿いながら学ぶ必要があります。

　障害のある子ども（非定型発達児）と定型発達児の統合保育においては，保育の場を共有することにより，子どもたちの人間関係の広がりや互いの発達の促進等が見られることが利点といえるでしょう。一方，保育士は子ども同士の関係を見守りつつも，障害の特性に応じた知識や技術を習得し，個々に応じた特別な支援への配慮が必要です。保育場面において，子どもが安心して生活できるよう環境を構成することや，子どもが指示を理解できるよう写真や絵カード等の視覚的な手がかりを用いたり，具体的な声かけを心がけるなど，知識に基づいた実践が大切です。すべての子どもに通じることですが，「できるようになる」ことのみに着目せず，スモールステップで目標をすえ，焦らずにくり返し子どもとの関わりを深めていく姿勢が保育士には求められます。

　また，障害や医療的側面において特別な支援ニーズのある子どもの保育については，保護者や地域の児童発達支援センター等の療育施設，医療機関と連携し，子どもの障害や生活の実際を把握しながら，保育実践を組み立てていくことも必要です。子どもや保護者の状況によっては，保育士だけで十分な支援が難しい場合もあるため，地域の専門機関とのネットワークを日頃からつくっておくことが重要であるといえます。

　一方，近年では障害の有無が明確ではないにもかかわらず，保育士から見て「気になる」と表現される子どもの存在と，その保育のあり方が1つの課題とされています。気になる子どもは，発達障害や被虐待の疑いがある子ども，無気力な子ども，自己表現できにくい子ども，アレルギーがある子ども等，多岐にわたっているとされます。あわせて，保育士からは保護者の言動が気になるという声も聞こえています。たとえば，子どもへの無関心，保護者中心の生活，保護者の粗暴さ，保護者の病気や障害な

表4-2　児童福祉施設に入所する子どもの障害等の状況

	障害等あり	知的障害	ADHD	LD	広汎性発達障害
児童養護施設児	28.5%	12.3%	4.6%	1.2%	5.3%
情緒障害児短期治療施設児	72.9%	14.0%	19.7%	1.9%	29.7%
児童自立支援施設児	46.7%	13.5%	15.3%	2.2%	14.7%

注：ADHD（注意欠陥多動性障害），LD（学習障害）。
出所：厚生労働省「平成25年児童養護施設入所児童等調査結果」をもとに筆者作成。

ど，子どもへの養育が適切ではないと感じる保護者の実態があります。保育に難しさを感じさせる子どもの行動は，子ども自身の「障害」や「病気」等に起因するだけではなく，子どもの育つ「環境」との関連性から評価する重要性を理解する必要があります。

（2）福祉的課題を抱えた子どもと保護者への支援

気になる子どもと保護者についてふれましたが，ここでは子どもとその家庭に生活上の問題が生じているケースについて考えてみましょう。子どもたちが保育士に見せる姿には，家庭の経済的問題，保護者の育児不安，ネグレクト，虐待やドメスティックバイオレンス，夫婦不和，就労問題等，子どもの育つ家庭環境の不安定さが「気になる」行動として現れている場合があります。

たとえば家庭環境との関連性として，経済的ゆとりのない母親は，育児不安が強いこと，また社会的に孤立しがちで子どもに対しての不適切な行動傾向が見られるという研究報告がなされています。また，保育所が対象としている世帯における虐待例では，「ひとり親世帯」「多子世帯」が存在し，保護者自身が抱える問題としては知的障害，精神疾患，慢性疾患の状態があったことも報告されています。

このような環境にある子どもは，家庭で受けたストレスを保育の場において暴力や情緒不安等で示し，さまざまな形でサインを保育士に発信してきます。これらのサインに対し，子どもへの直接的な応答や，本来は家庭で行うべき子どもへのケアを保育所等が補完することで，状況が改善に向かうこともありますが，場合によっては家庭問題への介入を要するケースもあるでしょう。すべてを保育現場が抱え込んで解決を急ぐのではなく，子どもの最善の利益のため，保育士としてどのような判断が求められるかを検討することが必要です。ここでも，児童相談所や市町村，保健センター等の行政機関をはじめ，地域との連携の有無が重要になるといえます。

保育は個を対象とすることを原則としつつ，広く集団での保育の営みとしても発展

してきました。しかしながら，近年では子どもの虐待や発達障害，保護者の養育力の不足等，子どもや保護者の抱える課題に対する保育実践の困難感や，保育士のオーバーワーク，待遇の問題等，現代の保育実践であげられる課題は少なくありません。2000年代に入ると，世界的な潮流を反映して，保育においても一人ひとりの抱えるニーズに適切なサポートをともなう「インクルージョン」の理念や考え方が導入され始めました。従来のように障害の有無に限定されず，特別なニーズがある子どもに対して必要な支援を行うための保育のあり方を追求していくことが求められています。一方，子どもや保護者が困難を抱える現状のもとで，保育士への要求と期待がますます高まっていますが，保育士に対する支援も進めていくことが不可欠であるといえます。保育士を取り巻く「環境」にも目を向け，保育士の所属する組織体制，研修，助言等のサポート体制，待遇の改善，広くは保育に関連する諸制度・諸政策等，子どもの権利保障を担う保育士を支えるシステムを構築していくことが重要な課題です。

参考文献

河合雅雄『子供の自然』岩波書店，1999年。

林邦雄（監修），谷田貝公昭（責任編集）『図解こども辞典（普及版）』一藝社，2005年。

久保山茂樹・齊藤由美子・西牧謙吾・當島茂登・藤井茂樹・滝川国芳「『気になる子ども』『気になる保護者』についての保育者の意識と対応に関する調査――幼稚園・保育所への機関支援で踏まえるべき視点の提言」『国立特別支援教育総合研究所研究紀要』第36巻，2009年，55～76頁。

山本理恵・神田直子「家庭の経済的ゆとり感と育児不安・育児困難との関連――幼児の母親への質問紙調査の分析より」『小児保健研究』第67巻第1号，2008年，63～71頁。

高井由起子「保育所における子ども虐待対応について――事例分析から見えてくるもの」『臨床教育学論集』第2巻，2008年，75～82頁。

保育をひらく扉④
思春期の攻撃的脳の原因解明

　技術革新によって脳の活動をリアルタイムで映像化できるようになりました。それにより，私たちの行動をつかさどる脳の解明が急速に進んできました。子どもの発達は脳の発達とは切り離せません。保育支援や教育支援にも脳生理学の視点が求められる時代です。

　最近の脳研究の発見ですが，思春期の10代の若者が時に攻撃的な行動や不可解な振る舞いをしたり，不適応な行動をする原因が少しずつ明らかになってきました。

　大人になると環境や場に応じて適切な行動を取れるようになりますが，それは大脳の前頭前皮質という領域が発達して，状況を総合的に判断できるよう，脳各部位間との神経のネットワークができるからなのです。

　10代の脳は，爬虫類や原始的な哺乳類が発達させてきた扁桃体が急激に発達します。好悪の感情や攻撃に関わる扁桃体は間脳の視床下部とネットワークを形成し，興奮し，攻撃的になる情動的な働きがあります。

　前頭前皮質は「脳のなかの脳」ともいわれる部位で，高度な思考や周囲の情報を総合化して自らを制御します。人間はサルから進化する過程で脳全体は3倍になりましたが，前頭前皮質は6倍と，脳全体に対して前頭前皮質の割合はヒトでは高く，人間性はこの部分により制御されるものと考えられています。しかし，10代の脳では前頭前皮質と扁桃体との間の神経ネットワークがまだ未熟で，扁桃体と視床下部の興奮が暴走しやすいとの結論です。前頭前皮質の成長は20代過ぎまで発達し続けて完成していくので，徐々に暴走が抑えられ人間的バランスがとれていくのです。

　最近，少年の突発的，直情的な事件が目立ちますが，身体の発達が早まり思春期の開始が早くなっているので，この扁桃体と大脳の発達のミスマッチが大きいのかもしれません。

　しかし，このミスマッチの時期は，親や教員，既成の社会や文化に背を向け，刺激を求め，打算を考えずに新しい芸術，スポーツ，小説や映画の世界に没頭し始める時期でもあり，自己過信や自己顕示欲が強まりながら大きく成長する貴重な時期でもあります。思春期の大胆で無謀な行動も，ある意味では正常な発達のプロセスの途上にあるとみなされます。

参考文献
J. N. ギード「子どもの脳と心――10代の脳の謎」『日経サイエンス』3月号，2016年。

第5章
保育における相談援助を学ぼう

学びのポイント
・保育実践における相談援助の必要性を理解しよう。
・保育実践における相談援助の方法を理解しよう。
・事例を通して相談援助の実際を学ぼう。

　保育士は日常の保育業務とあわせて、保護者の子育て相談、就学・進路相談、また、地域の子育て指導や相談も担っています。これまでにも述べたように、保育士は、子どもの権利や子どもの人権を守る立場にある専門職です。そのため、問題を抱えた子どもがいれば、必要に応じて家庭の子育てにも一歩踏み込んだ支援を行う必要があります。この章では、保育士が行う相談支援をより効果的に行うために、福祉分野で用いられる相談援助（ソーシャルワーク）の知識と援助技術を学び、より深く子どもと保護者の立場に立った支援の方法について学びます。

1．保育士に求められている相談援助の役割と視点・原理・原則

（1）保育士の子育て相談と相談援助

　保育士は、子どもに関するもっとも身近な専門職であり、保護者にとっては信頼できる身近な相談相手でもあります。保育士には、児童福祉法第18条の4にあるように、子どもへの保育だけでなく、「専門的知識及び技術をもって、（…中略…）保護者に対する保育に関する指導を行う」ことが求められています。つまり日常的な子育ての相談でも、専門的な視点から問題を捉え判断する力が求められるのです。複雑な問題の場合には、相談援助（ソーシャルワーク）的な視点からの援助も必要になってくることもあり、実際的にソーシャルワーカーと連携しながら、子どもと保護者を支援していくこともあります。

　ソーシャルワーカーは、社会生活をしていくうえで多くの人が抱える生活問題（＝社会福祉問題）を捉え、その緩和・解決に必要な理論や制度に関する知識を駆使して、問題解決を図ります。具体的には、日常生活を営むうえでの問題（子育て困難や介護、心身の障害、経済的困窮など）を抱えて困っている人に対して、さまざまな情報を集め

て，なぜその問題が起こっているのか，本人とともに考え，問題を解決するための地域の社会資源（他の児童福祉施設や介護サービス，ボランティアあるいは公的な経済的支援など）を利用できるよう調整したり，親戚，友人，地域のボランティアなどに協力が得られるよう働きかけます。利用者自身の問題と向き合い，利用者が自分自身で問題解決できるよう支え，利用者の自立的な生活設計や自己実現を図り，よりよく生きることを支える相談援助が求められます。

（2）相談援助の視点——エンパワメント，ストレングス，インクルージョン

相談援助を行ううえでの3つの重要な視点を紹介します。

① エンパワメント

利用者が，自分の人生の主人公として，自分自身の生活を自発的に担う力をもつように支援することです。差別や偏見，孤立や貧困など，社会的な構造によって生み出される問題を抱え困惑している人たちが，その状況から抜け出せるように，相談者自らが，問題解決に必要な知識や技術を習得し，社会資源を活用し，問題解決を図ろうとする意欲や行動を引き出す活動のことです。

② ストレングス

ストレングスとは，その人のもっている強さ，強みという意味です。エンパワメントアプローチでは，利用者の強さや能力，また，利用者を取り巻く人間関係の強さや豊かさを活かして，本人自身が問題解決できるよう援助していきます。

③ 社会的包摂（ソーシャル・インクルージョン）

「社会的排除（ソーシャル・エクスクルージョン）」に対置する概念です。相談者の抱える問題には，しばしば貧困問題や心身の障害，社会的排除（ホームレス問題，外国人排斥），社会的孤立（孤独死，自殺，家庭内暴力など）があります。現代社会のなかで地域共同社会が失われ，人々は孤立しているがゆえに問題を抱えることもあります。地域や家族とのつながりを再形成し，支え合いを回復することを通して支援することが求められます。

（3）相談援助の原理——人権と社会正義

相談援助の基本的原理は，人権と社会正義です。ソーシャルワークは人権と人間の尊厳を支え，自由，人権，共生社会という人類的価値を基盤にして福祉的問題の解決を試みます。保育士は次世代を支える子どもの人権（尊厳）を大切にし，自由，人権，共生社会という人類的価値を築く仕事でもあります。

① 人権（尊厳）

利用者の抱えている問題を解決しようとする際，日本国憲法第11条「基本的人権の享有」，第13条「個人の尊重」などの自然権と，第25条「生存権の保障」，第26条「教育権の保障」などの社会権が重要になります。誰もが人として生きる権利があり，誰もが価値ある存在として尊重されなければならないということです。

「ソーシャルワーカーの倫理綱領」では，「人間の尊厳」として「すべての人間を，出自，人種，性別，年齢，身体的精神的状況，宗教的文化的背景，社会的地位，経済状況等の違いにかかわらず，かけがえのない存在として尊重する」と謳っています。

② 社会正義

問題を抱えている人の置かれている状況は，文化，歴史，思想などのさまざまな背景を捉えることができます。福祉問題の緩和や解決に向けて援助する時，援助者がどのような立場に立つかは相談援助の結果を左右するものです。「ソーシャルワーカーの倫理綱領」では「差別，貧困，抑圧，排除，暴力，環境破壊などの無い，自由，平等，共生に基づく社会正義の実現をめざす」としています。

（4）バイステックの7原則

アメリカの福祉学者，バイステック（Biestek, F. P.）が提示したバイステックの7原則は，問題解決に向けた相談援助が有効に機能するために支援者が守るべき基本姿勢のことです。ここで大事なことは，援助を求める当事者との間に信頼関係（ラポール）を形成するということです。これらの7原則は，保育士が保護者との関わりを振り返る視点にもなります。

①個別化の原則：困難や問題は似たようなものであっても，人それぞれにとっての問題であり意味をもつ。
②意図的な感情表出の原則：否定的な感情や独善的な感情まで表出させ，心の枷を取り払うことが重要。
③統制された情緒的関与の原則：支援者は感情的にのめり込まず，自らの感情を統制しながら支援する。
④受容の原則：人権侵害の場合以外は相談者の価値観や思いをあるがままの姿で受け止めることが必要。
⑤非審判的態度の原則：支援者は相談者の善悪を判断するのではなく，問題をともに担い解決する。

⑥自己決定の原則：解決・行動決定するのは相談者であり，命令的指示は否定される。
⑦秘密保持の原則：相談者の「個人情報保護」を守らなければならない。

2．相談援助（ソーシャルワーク）の技術

相談援助の技術は，直接的に働きかける直接援助技術と，間接的な働きかけを行う間接援助技術の2つに分けられます。

（1）直接援助技術——ケースワークとグループワーク

直接援助技術として，ケースワークとグループワークがありますが，保育の現場ではこの2つを場面に応じて効果的に活用します。

①ソーシャル・ケースワーク

個別的な関わりを通して援助を展開していく方法です。個別援助技術ともいいます。この援助では，困難な状況のために心理的に不安定となっている人の心を安定させる援助をするという心理的側面と，社会資源を活用し，生活環境・条件を調整，改善するために，具体的なサービスを提供するという社会的側面とがあります。

②ソーシャル・グループワーク

グループ（集団）の力を通して援助を展開していく方法です。集団援助技術ともいいます。グループには個々のメンバーが発する言葉や行動が相互に影響を与えるという特性があります（グループダイナミクス）。この特性を活用して，利用者などが抱える生活問題に対して，広くグループ活動を通して専門的な知識や経験をもった援助者がグループでの話し合いなどの活動や展開過程を援助していきます。

（2）保育におけるケースワークとグループワーク

保育所や保育士は，保育所内や地域でさまざまな子育て相談のためのプログラムを提供していますが，「親育て」という視点をもつことも必要です。少子化，核家族化，地域社会の衰退のなかで子育てを学ぶ機会が少ない保護者も多いと思います。不安をもった子育ての当事者同士，保護者同士をつなぐことによって，保護者同士が関わり，子育てグループを形成し，日常的に互いの保育の知恵を共有し，支え合うことができます。これがグループワークです。保護者集団ができることは，保護者自身にも施設にとっても，また子どもにとっても，心強い支援者となり得ます。児童養護施設等でも保護者会をつくったり，保護者同士の交流をもち互いにつながることは重要です。

また，子どもたちに遊びの場を提供する児童厚生施設である地域の児童館も，地域子育て支援事業を行っています。保育士は子育てグループに活動の場を提供し，活動を支援し，専門家として参加することが期待されています。

（3）間接援助技術

間接援助技術には，地域や社会に対して働きかけるものや，調査・計画策定による方法などがあります。地域政策や地域住人の要求を捉えコミュニティの福祉レベルを向上させるには不可欠です。代表的なものとしては，次の5つがあります。

① コミュニティワーク

地域援助技術ともいわれ，地域に暮らす住民の生活課題や問題を，その地域全体の課題や問題として捉え，地域住民を組織化したり，住民主体による福祉活動ができるように援助します。地域の子育て支援での保育所の開放などもコミュニティワークの一種です。

② ソーシャルワーク・リサーチ

社会福祉調査法ともいわれ，地域の人々の問題や課題を把握し，適切な援助活動を行う基礎資料を得るための調査技法です。質問紙票を使って数量的な把握をする量的調査（統計調査）と，インタビューや観察法などでデータを収集・分析する質的調査があります。たとえば待機児童数の調査などがあげられます。

③ ソーシャル・ウェルフェア・アドミニストレーション

社会福祉運営管理ともいわれ，社会福祉施設などの組織運営のマネジメントから国の福祉政策論まで幅広く捉えることができますが，通常は社会福祉施設などの事業運営のための人事や経理，設備管理，広報活動，人材育成，リスクマネジメント（危機管理）などを指すことが多いです。保育所や児童養護施設の運営管理がこれにあたります。

④ ソーシャル・アクション

社会活動法ともいわれ，地域の福祉課題の緩和・解決（ニーズの充足）に向けて，福祉制度や施策の改善を求めたり，必要な社会資源をつくり確保するための，行政機関や地域住民への働きかけやコーディネイトから福祉運動まで含まれます。

⑤ ソーシャル・ウェルフェア・プランニング

社会福祉計画法ともいわれ，福祉ニーズに対するサービス提供の基盤整備や既存の社会資源の有効活用，福祉人材の養成・確保など，数値目標や実施目標を掲げ，計画作成する方法です。福祉の各種計画は，行政が計画策定主体になることが多いですが，

住民参加や当事者参加により策定することが求められます。たとえば「地域福祉計画」は，社会福祉法第107条で住民などの意見を反映するよう努めることが規定されています。

（4）社会資源を活かした包括的な相談援助の動向

ソーシャルワークには，子ども，老人，障害者などの各分野に特化した専門的援助技術（スペシフィック・ソーシャルワーク）が求められる傾向があります。しかし，利用者が抱える問題には，さまざまな領域の問題が重層的に関連して生み出されることが多いのです。そのため，総合的かつ包括的援助技術（ジェネリック・ソーシャルワーク）も求められます。

① スペシフィック・ソーシャルワーク

福祉には，児童家庭福祉，生活保護（公的扶助），高齢者福祉，障害児（者）福祉，母子及び父子並びに寡婦福祉などの関連分野があり，それらの各領域に特化した相談支援のことです。

② ジェネリック・ソーシャルワーク

分野や領域，または援助技術（ケースワーク，グループワーク，コミュニティワーク）により区切ることなく，幅広い知識と技術で対応する相談支援のことです。

③ ネットワークによるソーシャルワーク

各スペシャリストがネットワークをつくり連携することによって，ジェネリック・ソーシャルワークを可能にする方法もあります。社会資源（人材や施設，制度）を利用して地域ネットワークを組織化します。保育所や保育士も地域ネットワークのなかにある社会資源の1つであり，地域や行政あるいはさまざまな機能集団からの連携の要請が寄せられます。必要な時には新たな社会資源をつくり，地域ネットワークを豊かにすることも必要です。

3．相談援助のプロセス

相談援助には，援助のプロセスがあります。保育をしていて，子どもの様子に気になることがあった時や保護者等から相談を受けた際には，このプロセスを参考に，見通しをもって援助にあたるとよいでしょう。

（1）問題の気づき，発見

何かに困っている時，誰かに相談したいが相談しにくい場合などには，本人は意識

しなくても何らかのサインを出しています。保育士は子どもだけでなく保護者のサインも受け止め，問題に気づくことが大切です。いつも心のアンテナをはりめぐらせておきましょう。

（2）インテーク（最初の面接）

相談者と援助者（保育士）との最初の出会いの場面の段階です。相談者は，目の前の援助者が信頼できるかどうか，不安と緊張でいっぱいです。緊張を和らげ緊張を取り除き，安心感と信頼感を育て，援助者との間に信頼関係（ラポール）をつくる大事なプロセスです。そのためには，傾聴的態度，共感的応答によって相談者を「受容」することが大切です。ここから相談者は自分の本当の気持ちを語り出し，主訴が明確になってきます。

（3）アセスメント（事前評価）

援助プラン作成のために，相談者と問題理解に必要な情報を集める段階です。家族構成や経済的環境などを含め，援助に必要と思われる情報を収集します。その過程で相談者が気づいている課題（顕在的ニーズ）とは別に，気づいていない本当の課題（潜在的ニーズ）が明らかになることもあります。問題解決には相談者自身の意欲が大切ですので，相談者のストレングスをたくさん収集することが大切です。収集した情報を分析しますが，保育士の限界を超えるケースは他の専門機関（地域資源）と連携したり，ゆだねたりします。

（4）プランニング（援助計画）

問題解決のために，実施可能なプランを立てる段階です。プランは，まず援助方針と目標を設定します。目標には，短期と，時間を要する中長期目標があります。次に具体的援助方法や社会資源の活用などを示します。プランの内容，方法について相談者によく説明し，相談者の自己決定が大事です。

（5）インターベンション（援助の実施）

具体的な援助が行われる段階です。援助者が直接関わる直接（相談）援助，相談者のグループを仲立ちとした間接援助，他の機関への橋渡しによる側面的関連援助，制度や社会資源の利用・活用についての援助など，プランに沿って援助します。いつでも自分を受け入れてくれる（受容）という安心感，信頼感を深め継続することが大切

です。自己決定の原則は，突き放したり，決定を迫ることとは違います。常にそばにいることが感じられる姿勢と言葉がけが大切です。

(6) モニタリング (経過観察)

援助がプラン通り実施されているかどうか，相談者に解決に向けての効果が見られるかチェックします。途中で相談者の環境やニーズに変化が起きていないか，アセスメントの情報に違いや変化が起きていないかチェックします。気になることや，チェックで問題が見つかった場合には，プロセスの元に立ち帰る（フィードバック）ことが必要であり，大切なことです。

(7) エヴァリュエーション (事後評価)

相談者の視点から，支援の効果について評価します。問題の解決や改善が見られ，相談者が満足しているかどうかが重要です。援助者の立場や視点で評価してはいけません。

エヴァリュエーション（事後評価）はPDCAサイクル（Plan〔計画〕→ Do〔実行〕→ Check〔評価〕→ Act〔改善〕の4段階を繰り返し行うこと）における援助実践の振り返り作業です。結果に満足できない時は，前の段階に戻って軌道修正をします（フィードバック）。

(8) 終 結

相談者の問題が解決し，よい方向に向かうなど，一定の効果が現れ，相談者が問題を解決できたと思う場合に終結となります。相談者側の都合で（転居など）継続が不可能な場合も終結にします。援助者（機関）が相談者の期待に応えられない場合も終結し，他機関に引き継ぎを依頼します。

4．保育士が行う相談援助の実際

保育所などの通所・行事・面談などを通して，保護者は保育士に相談をします。保育士は保護者の相談にのる時，どのようなことに気をつけながら相談にのっているのでしょうか。保育士の相談援助の事例をみていきましょう。

> **事例　母親の育児疲れから心理的・身体的虐待に発展した疑いのある例**
> 担任保育士は，A子（3歳）のことが気になっていました。A子は最近，時折うつろな

表情を浮かべていました。お風呂にもあまり入っていないのか，前日と同じ汚れた服を着ていたり，汗の臭いが気になることが増えていました。給食の時間になると，給食をガツガツ食べ，おかわりをします。保育士がＡ子に「お家でご飯食べてるの？」と聞くと，「食べる時と食べない時があるの。ママ，お仕事だから」と言います。

　ある時，Ａ子の腕に内出血のあざがありました。Ａ子に聞くと，「昨日転んだ」と言います。担任保育士は，Ａ子のこのような様子が気になり，主任保育士に報告しました。主任保育士も心配し，今後もＡ子について注意深く観察し，報告するようにと伝えました。

　Ａ子の様子は，普段と変わりなく友だちと遊んでおり，楽しく１日を過ごしていました。１日が終わり帰る時間になると，Ａ子はいきなり「まだ帰りたくない。もう少しここにいたい」と言いました。担任保育士は，「ママがお迎えに来るのよ。そろそろ帰る準備をしようね」と言い，帰り仕度を促しました。

　まもなくＡ子の母親が迎えに来ました。Ａ子は母親を見ると，怯えたような表情をし，顔を背けるなど嫌がるような態度をとりました。すると，母親はＡ子に対し怒りをあらわにし，「何無視してんだよ。早くこっちに来い！」と言い，威圧的な態度をとりました。Ａ子はしぶしぶ担任保育士から離れ母親のもとに行きましたが，ずっと担任保育士のほうを見ていました。担任保育士は，この時のＡ子の様子が気になり，母親の態度にも違和感をもちました。担任保育士は，母親にＡ子の保育所での生活について報告し，家庭でもＡ子の着替えや食事について気にかけてほしいことを伝えました。母親は保育士の言葉に対して軽く抵抗するような態度をとりましたが，そのまま黙ってしまいました。母親が少し落ち込んだようにも見えたので，担任保育士は面談を申し出たところ，「仕事が忙しい」と断られました。担任保育士は，何とか説得し，母親もしぶしぶ承諾してくれました。

　後日，担任保育士は，母親と面談をしました。母親はＡ子のこと，家庭のこと，いろいろなことについて話をしてくれました。母親はシングルマザーとしてＡ子を育てており，日中は仕事で，最近は疲れがたまってきたこともあり，自分が嫌になったり，子育てが大変だと感じていることを教えてくれました。Ａ子がぐずるといらいらし，たまにきつくあたってしまうこともあるそうです。この子がいなかったら，と考えたこともあったと，自分の人生のつらさについても話してくれました。担任保育士は，母親の気持ちに寄り添い，話を聞きましたが，母親の負担とともに少し養育能力にも問題があるのではないかと判断しました。Ａ子の祖父母は県外に住んでおり，母親をすぐに助けられる状況にはありませんでした。地域との関係も希薄で，母親は１人で子育てを背負っており，疲れからかなげやりになっているようでした。

　面談後，担任保育士は主任保育士に報告し，Ａ子の腕のあざは母親による虐待である可能性が高いと伝えました。そのため，担任保育士は，母親とＡ子を専門的に見守る支援が必要であると判断し，児童相談所に通告しました。担任保育士は，児童相談所職員にアドバイスを受けながら，母親とＡ子の様子を引き続き注意深く観察することになりました。担任保育士は，母親との関係を悪化させないように，母親の相談にいつでも乗るし，何かあれば何でも伝えてほしいと言いました。母親はうなずきました。

　担任保育士は，面談の内容を主任保育士に報告し，今後もＡ子の様子を見守り，母親との定期的な面談が必要だと感じ，保育士の立場からの支援を精一杯行うことにしました。

これは，保育所で保育士が行う相談援助の一例です。ここでは，「仕事で，最近は疲れがたまってきたこともあり，自分が嫌になったり，子育てが大変だと感じている」と話していることや「A子がぐずるといらいらし，たまにきつくあたってしまうこともある」「この子がいなかったら，と考えたこともあった」との発言から，担任保育士は，母親の「育児疲れ」からくる「虐待」に発展した例であると判断し，児童相談所に通告しました。この母親の場合，保育士との面談から，シングルマザーで1人で仕事や子育てを背負い，大きなストレスを抱えていることがわかりました。そこから，子どもへの対応にも大きな影響が出ているようにもうかがえました。

　担任保育士は，児童相談所の職員と連携することにし，今後も専門的に母親とA子を見守ることになりました。

　相談援助にあたるうえで大事なことは，相談相手との信頼関係であり，決して母親とA子を孤立させないことです。あくまでも，保育士はA子の安全を見守りながら，親子の身近な相談相手であることを忘れずに，母親の状況や大変さも理解し，受容・共感し，支えることが大切です。この事例の場合は，定期的な母親との面談を行いながら，児童相談所とともに親子を支える方法を選んでいます。

　保育士は，子どもや保護者が発するわずかなサインを見逃さないことが大切です。そのためにも相談援助の方法をしっかり学び，適切な対応ができるようになりましょう。

参考文献

山之内輝美「児童家庭福祉の専門職とその支援」川池智子（編著）『児童家庭福祉論』学文社，2013年。

相澤謙治（監修），植戸貴子（編著）『ソーシャルワークの基盤と専門職』みらい，2010年。

橋本好市・直島正樹（編著）『保育実践に求められるソーシャルワーク』ミネルヴァ書房，2012年。

小池由佳・山縣文治（編著）『社会的養護（第4版）』ミネルヴァ書房，2016年。

相澤譲治・井村圭壯・安田誠人（編著）『児童家庭福祉の相談援助』建帛社，2014年。

保育をひらく扉⑤
「こども食堂」の広がり

　いま日本では，子どもの6人に1人が，貧困家庭にいるといわれています。そのなかで，地域で成長期の子どもたちに無料または低額（数百円）で食事を提供する「こども食堂」という活動が全国的に広がっています。2016年5月の時点で，全国で319か所あり，その運営は，地域のNPO，教会，自治会などによって営まれ，地域住人にも開放しているところも多くあります。

　ある食堂の利用者に，母と中学1年生の娘の2人家族がいます。両親は娘が小学5年生の時に離婚しました。それまで経済的に支えてくれていた父親の存在がなくなり，生活が一変し，娘はショックで精神不安定となり，次第に不登校になっていきました。母親のそばを片時も離れようとしない娘が心配で，母親はやむなく仕事も辞め，母子で家のなかに閉じこもり，生活保護だけに頼る暮らしが1年近く続いていました。1日あたりの食費は，2人でおよそ700円。母親は「ガスや電気が止まるのは日常的で，できるだけ食費や教育費にお金を回すようにしていますが，いつも簡単なおかずだけで精一杯でした」と言います。母親は「はじめてこども食堂の食事を食べた時の温かくておいしい食事と，みなさんの優しい笑顔と会話は今でも忘れません。野菜ってこんなにおいしかったのかな，人ってこんなに温かったのかなって」と言います。子どもは「こども食堂」に来るようになり，ボランティアとともに食事をつくるようになり，食堂に来るほかの子どもたちとも仲良くなり，次第に登校ができるようになりました。

　「こども食堂」は，その日の食事を凌ぐための一時的な支援対策に過ぎないといわれることもありますが，食を通じた地域の人々との交流の機会は，子どもたちに食事をこえるつながりをつくり，生きることの意味を伝えているといえます。地域における相互支援の輪をつなぐ「こども食堂」の活動は，現代社会が失った人々の連帯や心の交流を回復する場ともなっています。

第Ⅱ部

実践編
保育実習で学ぶことって何だろう？

第6章
保育実習のことを理解しよう

> **学びのポイント**
> ・保育実習を行うことの意義と目的を理解しよう。
> ・保育実習の学びのプロセスを理解しよう。
> ・自主実習の意義と目的を理解しよう。

　第Ⅰ部の理論編では,「保育」に関する基本的な知識や制度について学びました。ここからは,第Ⅱ部の実践編に入ります。保育実習における意義や目的,事前準備の方法,具体的な実習内容や実習後のまとめ方について学びます。実際に保育実習をしている自分の姿をイメージし,将来保育士になった自分とあるべき保育士像を捉え,よりよい保育士を目指しましょう。

1. 保育実習の意義と目的

　この章では,保育士養成課程での「実習」の重要性について学びます。実習前や実習後に「保育」について机上で学習することはもちろん大切なことです。その「机上」の学習を通して保育に関する基本的な概要を知ることができます。しかし,机上で学ぶだけでは,子どもや保育士,保育所や施設のことを知るという点では十分ではありません。その足りないこととはどんなことなのか,何のために保育現場で実習を行う必要があるのだろうかなど,保育実習を前にして,将来の自分自身の「保育士像」をイメージしながら,「実習」の重要性をしっかりと認識し,保育実習Ⅰ,保育実習Ⅱ,Ⅲへと段階的に行われる「実習」経験を,一つひとつ充実したものにし,次に活かし,よりよい保育士を目指してください。

(1) 保育実習体験の教育的意義

　すでに講義等で「保育士」になるために必要な知識・技能を身につけるためのさまざまな学習をしてきました。その一方で,今後「保育士資格」を取得するためには,実際に保育所や施設等の保育現場における約10日間の「保育実習」を3回経験しなければなりません。なぜ保育現場での「保育実習」は必要なのでしょうか。
　そもそも「保育士」という専門職は,子どもの命を預かり,子どもの生活そのも

に関わる重要な使命を担う職業です。そのため，学習して得られた知識や技能を礎とし，実際に保育現場で実践を通してさらに理解を深め，実践力を養ってから保育士資格が与えられるのです。対人的な支援を専門とする職種ではすべて実習があります。

また，保育実習は体験を通して学ぶことができるという点に大きな意味があります。第一に，子どもや子どもに関わる保育士の姿を通して，その援助や指導の方法を学び，「保育」の営みとは何かに触れることができるでしょう。時には一人ひとりの子どもの発達段階の違いに戸惑い，どのように対応してよいかわからず，結果としてうまく関われないこともあるかもしれません。また，指導してくださる保育士から注意を受けることもあります。時にはアドバイスを受けながら少しずつでも改善していくことこそが，今後の重要な学びにつながる経験となり，さらにみなさんを成長させるのです。

既習の知識や技能を保育現場で実践することによって自分自身の課題を見出し，検証・改善して次の段階につなげていくことが実習の大切な目的になります。これまでは養成校において「点」としてバラバラに習得してきたものが，実習の場では初めて点と点を結ぶ「線」となり，実習生にとって総合的な学習体験の場となるわけです。

これから保育現場で「実習」を行うみなさんのために貴重な時間を与えていただいたことに感謝し，子どもたちと全身全霊でともにふれあい，活動しながら，たくさんのことを学んでください。自分がその実習を通して何を学びたいのか，目的や課題を明確に掲げ，失敗を恐れず積極的に学ぶ姿勢で臨み，すばらしい成果をあげられる経験にしていただきたいものです。

（2）子どもと関わることから始まる実習経験

将来の保育士を目指し，現在「保育」について学んでいる学生のみなさんのなかには，家庭においてもきょうだいがなく，小さな子どもと直接関わった経験がまったくないという方もいるかと思います。また，きょうだいがいても子どもたちが群れて遊ぶ体験をした人は少ないと思います。子どもと直接関わる経験をもたない状態で，実習に出て行くことは不安な気持ちになり，緊張するのではないかと思います。実習に出ても，どうしてよいのかわからず，しばらくは直立状態で声もかけられず，子どもから誘われ手を引っ張られてようやく一緒に活動する姿もよく見られます。

不思議なことに，子どものほうが柔軟です。「先生，遊ぼう」「外で○○しよう」と誘い身体ごとぶつかってくる子どももいるでしょう。とにかく最初は子どものなかに飛び込んで，子どもの目線で一緒に遊ぶことです。子どもとともに，遊ぶ喜びや楽し

さを共有してください。それが「実習」の第一歩です。遊びを通してともに関わっていくうちに、だんだん子どものことや保育士と子どもとの関わりが見えてきます。最初のうちはどう対応してよいかわからない状態であったのに、実習期間の中盤を迎える頃には、自分でも不思議に思うくらいスムーズに子どもの名前を呼び、遊び仲間の一員となり、必要な時には援助ができていることに気づきます。これが「経験」なのです。「百聞は一見にしかず」という諺にもあるように、人は頭で考えるばかりでは成長しないのです。特に人間との関わりは実際の日々をともに過ごし、やりとりのなかで学ぶものです。現場で自分自身も動きながら、子どもたちや保育士から学んでください。

　実習が進むと、一人ひとりの子どもの特徴やクラスの状況もわかるようになってきます。その保育所や施設では1日がどのように流れているのか、どんなことを大切にして保育や支援が行われているのかが見えてきます。また、子どもたちの活動や保育士が子どもにかけた言葉に「どうしてなのかな」という疑問が生まれてきます。知りたいことやわからないことがあれば、指導の先生に遠慮なく聞いてみましょう。誰でも最初は「知らない」「わからない」のです。「知らない」「わからない」ことを質問するのは決して恥ずかしいことではありません。だからこそ指導の先生がいてくださるのです。わからないことをわからないまま済ませてしまうことのほうがもったいないことです。このようなことを繰り返すうちに、昨日より今日、今日より明日と少しずつ、みなさんの引き出しに経験して得たものが増えていきます。

（3）実習の振り返りをする

　実習期間はそれぞれが約10日間と非常に短いですが、この10日間は養成校でのどんな講義にも匹敵する貴重な10日間です。この短い期間に学んだ濃い内容を、その後の学びに活かすことが大事です。「実習」には「事前→実習→事後」という流れがあり、養成校においても必ずそれぞれの段階において「指導」が行われます。実習が終了したら、ぜひその時の感動やさまざまな思いが新鮮なうちに自己評価を行い、同じように実習体験をした仲間と一緒に振り返りを行ってください。

　このような自己評価や振り返りを行う際には、ただ漠然とでなく、たとえば自己評価の1つの方法として実習前に自らが掲げていた実習の目的や課題について、達成できたのかどうかを検討してみましょう。今回達成できたと一定の評価をしたことについては、次の実習でさらにより一層深めていくことになりますし、できなかったことについては解決していくためにはどうすればよいか、その方法を考える目安となります。

さらに実習終了後には，実習園から「実習評価表」が返送され，それをもとに養成校の実習担当の先生からアドバイスを受ける機会もあると思います。一つひとつの項目について自分自身の現状を把握し，課題となる部分をしっかりと検証して次の機会につなげてください。このように，「実習」とは，非日常的な一コマとして独立しているものではなく，毎日の生活や学習と常に密接な関わりをもつ活動です。みなさんも時折自分の生活を見直しながら，今後できるだけ数多くの豊かで充実した実習経験をして，素晴らしい保育士を目指してください。

（4）保育実習で学ぶこと

それでは，保育実習ではどのようなことを学ぶのか，以下をもとにして確認していきましょう。

① 施設機能の把握

保育所やそれ以外の児童福祉施設等の意義や目的，その機能と役割について把握します。これらの施設は，子どもたちが安心して育つために欠かせない社会資源の一つです。これらの施設には，支援を必要としている子どもやその保護者のために果たす機能と役割があります。実習前にしっかり調べておきましょう。

② 子どもに対する理解

「保育実習」では，子どもの観察や実際の関わりを通して，子どもに対する理解を深めることが大切です。保育所やそれ以外の児童福祉施設等の生活の様子や，一人ひとりの子どもの発達状況やその個人差などを捉えて支援することが大切です。また，入所理由やそれまでの家庭環境など，子どもが抱える背景を理解したうえで支援することも重要といえます。

③ 保育士の役割・職務内容の理解

保育士に求められる役割や職務内容を，保育士の仕事を観察，質問するなかで理解し，深めていきます。保育所とそれ以外の児童福祉施設等では，働く場所によって同じ保育士でも役割や職務内容は異なります。各々の場所で求められている役割を理解しながら，具体的な職務内容や保護者をはじめその家庭への支援方法，他職種との連携なども学ぶ必要があります。

④ 保育の方法・保育技能

「保育実習」では，学校で学んだ保育の方法を実際に子どもたちに実践します。指導・支援計画を立て，ねらいと目的をもって実践しましょう。その後は，実習指導者の指導やアドバイスを受けましょう。そして，常に自らの保育を振り返りながら，

日々の向上を目指します。また，保育士の実際の保育の方法や保育技能を観察しましょう。そのなかで，良いところはどんどん吸収して，自分のレパートリーをたくさん増やしていきましょう。

⑤ 社会人としての責任

「保育実習」は，社会人・勤務者としてのスタートラインに立つという点で重要な機会です。みなさんが実習に臨む際に「求められること」「やってはならないこと」をきちんと整理し，社会人として，保育士として高い倫理観や使命感をもち，責任ある行動をとることについて学びます。実習生は，子どもにとっては先生です。子どもたちはよく実習生を観察して真似をします。子どものモデルとなるような言葉，態度，立ち居振る舞いを心がけましょう。納得のいく成果があげられるよう失敗を恐れず，チャレンジをしていただきたいです。

2．保育実習の仕組みとプロセス

(1) 保育実習の仕組み

保育実習には，保育実習Ⅰと保育実習Ⅱ，そして保育実習Ⅲがあります（表6-1）。保育実習Ⅰは必修科目で，保育所実習と施設実習があります。保育実習Ⅱ（保育所等）と保育実習Ⅲ（施設）は，選択必修科目でいずれかを選択します。また，実習日数は「おおむねの実習日数」であり，各養成校で異なりますが，「10～12日間」で設定するところが多いようです。

(2) 保育実習における学びのプロセス

保育実習では，限られた期間のなかで実習の目的達成を目指して，段階を追って実習を進めていく方法が一般的になっています。実習の前半では，観察や参加が中心となり，中盤から後半にかけて実習生が指導計画を作成して，実際の保育を担当する部分実習や全日実習へと進んでいきます（図6-1）。

① 観察実習

観察実習は，実際の保育を客観的に観察することを目的にしています。観察実習では，子ども一人ひとりを観察しながら，保育士としての視点や態度を養っていきます。それと同時に，保育士が子どもや保育士とどのように関わり理解しているのかをしっかり観察して学びます。観察中は，保育の流れを妨げないように配慮しながら，保育士や子どもの様子を記録していくことが大切です。

表6-1　保育実習Ⅰ・Ⅱ・Ⅲの実習先・期間・単位数の比較

実習名	保育実習Ⅰ	保育実習Ⅱ	保育実習Ⅲ
実習施設	保育所等 保育所等以外の児童福祉施設等（乳児院，児童養護施設，児童自立支援施設，福祉型障害児入所施設，児童発達支援センター，障害者支援施設など）	保育所等	保育所等以外の児童福祉施設等（児童厚生施設，児童発達支援センター，乳児院，児童養護施設，児童自立支援施設，福祉型障害児入所施設，障害者支援施設など）
実習期間	おおむね10日間	おおむね10日間	おおむね10日間
単位数	4単位 保育所　2単位 施設　　2単位	2単位	2単位
必修／選択	必修	選択必修	選択必修

出所：厚生労働省雇用均等・児童家庭局長通知「指定保育士養成施設の指定及び運営の基準について」別紙2「保育実習実施基準」を参考に筆者が作成。

② 参加実習

　参加実習は，保育士の役割を一部担当して，実際に保育活動に参加し，子どもと関わりながら取り組むことを目的としています。ここでは，観察実習で修得した知識も活用しながら，子どもと積極的に関わったり，保育士の仕事を手伝ったりしながら，子ども一人ひとりについて理解を深め，保育士の職務の実際を学んでいきます。実際の保育実習では，観察実習と参加実習の段階を明確に分けることはせずに，保育実習のはじめから観察と参加を並行して行うこともあります。

③ 責任実習

　単なる参加ではなく，実習指導者の指導を受けながら，自ら実習指導計画を立て，環境や準備を整え，責任をもって保育を行う実習の段階です。

　これには1日のなかの特定の時間あるいは特定の活動を任される部分実習の段階と，子どもの登園から降園までのすべてを担当する全日実習の段階があります。部分実習は，まずは朝の会や帰りの会など生活に関わるところから製作活動等の準備，実践，片づけといった一連の流れのなかで，つまり時間的にも長く，内容的にも複雑なものへと進んでいきます。

　全日実習は，これまでの観察実習，参加実習，部分実習の成果をふまえた総合的な学びであり，実習の集大成となるべきものです。保育時間が長いため，計画した時間配分を意識しながらも，子どもの様子や思いを大切にし，活動内容や時間を調整する臨機応変な対応が求められます。

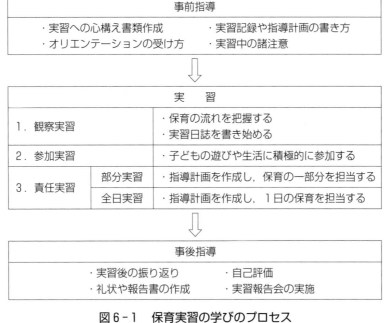

図6-1　保育実習の学びのプロセス

出所：田中まさ子（編）『幼稚園・保育所実習ハンドブック』みらい，2011年を参考に筆者が作成。

　いずれの実習段階においても，終了後には実習指導者による指導や助言から自らの振り返りを重ね反省し，新たな課題を見出していくことが重要です。日々の実習で実習生がはっきりと目的意識をもって取り組み，振り返りと反省を繰り返すことで実習における学びが深まります。

（3）巡回指導

　実習中に，養成校の巡回担当教員が実習先の保育所・施設を訪問し，指導します。これを巡回指導といいます。巡回指導では，実習生の実習の様子を見学したり，実習生から実習の様子を聞いたり，困ったことがないか確認したりします。たとえば，①実習計画の進行状況の確認，②欠席，遅刻，早退の有無，③健康状態，④日誌の提出，⑤利用者や職員とのコミュニケーション，などの項目です。その後，実習生から困っていることなどが提示されたら，実習指導者と調整し，解決を図ったりします。そのため，実習生は巡回日が決まったら，巡回担当教員にスムーズに報告できるように，報告したいこと，質問したいことなどをメモし，まとめておきましょう。

　以上をふまえて，よりよい実習のために，しっかり準備をして臨みましょう。

3．自主実習（ボランティア）の意義と目的

（1）自主実習とは何か

　自主実習とは，正規の実習以外に学生自身が自分の意思に基づいて行う実習のことです。これは，資格取得に直接関係するものではありません。実習以外でさらに学びを深めたい時などに，行きたい施設に学生が自分で交渉して行うものです。自主実習においては，実習日誌や実習評価が特別に指定されているわけではありません。また，実習を行う時期や期間に特別な制限はなく，実習先との調整で自由に設定することができます。おおむね，養成校の授業のない長期休暇や週末を利用して行う学生が多いようです。実際に，多くの学生が春休み期間や夏休み期間を利用して自主実習を行い，多くの保育体験を積み重ねています。

（2）自主実習の意義と目的

　では，自主実習にはどのような意義があるか，いくつかの点から考えてみましょう。
① 他の専門職との実習期間の比較
　保育士は，子どもの命を預かり，その成長を任されています。子どもと安全に楽しく過ごすため，環境を整備し，指導計画を立て，職員間や保護者と連携をとりながら，通常の保育はもちろん，保護者の保育へのアドバイス，園庭開放や体験保育などの地域の保育要求への対応などをこなしていきます。保育士は一瞬の気持ちの油断も許されない緊張感のなかで仕事をしているといってもいいでしょう。保育士と同じように，子どもの命を預かる仕事に，医師や看護師の仕事があります。これらの職種と保育士の大学等での実務研修（実習）の期間を比較した場合，医師や看護師に比べて，保育士の実習期間は明らかに短いといえます。近年，高い専門性が保育士に求められていることを考えると，医師や看護師養成と同等とはいわないまでも，正規の実習に加えて自主実習（ボランティア）を経験し，保育士としての専門性を高めていくことが必要です。
② 現場理解の深化と保育観の拡大
　正規の実習では，履修方法にもよりますが，実習生として携わることができる保育現場の数は，多くても3施設です（場合によってはこれより少なくなることもあるでしょう）。まず正規の実習では，先にも述べたように，実習施設の機能や目的，保育方針や保育の特色などを正しく理解していく必要があります。ただ，実習施設の数だけ個性がありますので，正規の実習を行った実習施設とは異なる保育方針をもち，特徴的

な保育方法を実践している施設などもあります。つまり，正規の実習を通して理解した施設の実際は，実在する施設のなかのほんの一部にしか過ぎないのです。在学中に自主実習を行い，異なる特徴をもった施設やさまざまな保育方法に触れることによって，自分の保育に対する視野が広がり，改めて自分の保育観を整理し直す貴重な機会となるでしょう。

③ 就職活動へとつなげる

就職活動の一環として，就職を希望する施設で自主実習をするのもいいでしょう。現在，せっかく保育士として就職しても，早期に離職してしまう人が増えています。退職の理由はさまざまですが，就職先とのミスマッチが主な原因です。各施設の保育方針や保育方法，職員構成，職場での人間関係などは千差万別です。自分に合うかどうかは，実際に働いてみてわかることも少なくありません。早期離職は保育士としてのキャリア形成の障害となりかねないため，自主実習を通して，本当にこの施設で働きたいか考えてみてください。一方，実習を受け入れる側からすると，自主実習を通して学生の人柄や活動の様子を見ることができます。そのため，自主実習での学生の様子が評価され，「就職試験を受けてみませんか」と声をかけてもらい，就職につながったというケースも多くあります。

（3）自主実習の手続きと注意点

自主実習は学生自身が自分で手続きを行うものですが，養成校等によっては，自主実習の実施にあたって正式な手続きが必要な場合があります。正式な手続きを踏むことによって，実習期間中の対応がスムーズにいきます。たとえば，自主実習中に子どもに怪我を負わせてしまったり，施設の備品を壊してしまったりした時に，保険の適用を受けることができます。自分の所属する大学等で自主実習を行う場合の手続きについて必ず確認し，手続きを終えたうえで，自主実習に参加するようにしましょう。

以下は，一般的な自主実習実施までの手続きになります。参考にしてください。

① 指導教員や実習担当教員に相談し，実習先を決定する。
② 電話で自主実習の依頼をし，許可をもらう。
③ 自主実習の日程が決まったら，自主実習担当事務局にて自主実習の手続きをする。
④ 実習園とオリエンテーションの日時を決め，事前オリエンテーションを行う。
⑤ 実習期間中は正規の実習と同じ態度で臨み，遅刻や無断欠席，途中でのキャンセルなどはしない。

⑥実習が終了したら，指導教員と担当事務局に報告をする。

　自主実習は，受け入れ先の施設と担い手である学生の双方の関係性が大切です。実習を行う側の自己都合を優先して，約束したスケジュールを安易にキャンセルしてよいものではありません。受け入れ先の関係者との信頼関係をつくり，実習生を受け入れてよかったと感じてもらえてはじめて価値のあるものになるのです。正規の実習と同等，あるいはそれ以上に身だしなみや言葉づかい，報告・連絡・相談などさまざまなマナーを守ることが重要です。

（4）ボランティア活動

　正規の実習や自主実習とは違った形で，子どもたちや保育現場と関わる機会もあります。それがボランティア活動への参加です。たとえば，保育所では夏祭りや運動会などの行事での保育補助，児童養護施設では入所している子どもの学習支援の補助などさまざまな活動があります。また，その活動期間も1回だけのものもあれば，毎週継続的に行う活動もあります。このように多様な活動内容があるのが，自主実習とボランティアが異なる点の1つでもあります。

　これまで見てきたように大学等の授業や実習を通して，子どもや保育現場とふれあう機会は限られています。多様なボランティア活動に参加することを通して，さまざまな場で生活する多くの子どもとの関わりをもつことができるでしょう。実際の保育の場で子どもと関わりながら学んでいくことは，保育士としての成長を大きく促します。また，実習では気づかなかった地域での施設の役割を知ることもできるでしょう。ぜひ，積極的にボランティア活動に参加してください。

　では，子どもと関わることのできるボランティアは，どのように探せばいいのでしょうか。大学等には地域や実習で関係のある施設等からボランティアの依頼が寄せられます。その場合，学内のボランティア担当部署や掲示板のボランティア紹介コーナーなどに掲示されます。また最近では，インターネット上のホームページを利用して募集をしている場合もあります。市町村のホームページ，社会福祉協議会や各施設のホームページに案内が掲示されていることが多いようです。ボランティア活動は不定期に募集することが多いので，学内ボランティアセンターや学内掲示，インターネット上の情報を定期的に確認してみるといいでしょう。

チェックシート

	項　　目	チェック
1	「保育実習」で何を学びたいですか。実習に行く前に、自分で学びたい内容を具体的にあげてみましょう。	
2	保育士資格の取得に必要な「保育実習」の履修方法について理解できましたか。	
3	「保育実習Ⅰ」「保育実習Ⅱ」「保育実習Ⅲ」の違いを理解できましたか。	
4	「保育実習」における具体的な学びのポイントを理解できましたか。	
5	保育実習の学びのプロセスについて理解できましたか。	
6	正規の保育実習と自主実習の違いを理解できましたか。	
7	自主実習を積極的に行ったほうがよい理由を理解できましたか。	
8	自主実習を行う際の手続きと注意点について理解できましたか。	
9	自主実習とボランティア活動の違いを理解できましたか。	
10	ボランティア活動の探し方について理解できましたか。	

参考文献

相浦雅子・那須信樹・原孝成（編著）『STEP UP！ ワークシートで学ぶ保育所実習1・2・3』同文書院，2008年。

久富陽子（編著）『学びつづける保育者をめざす実習の本――保育所・施設・幼稚園』萌文書林，2014年。

西九州大学子ども学部子ども学科（編著）『幼稚園教育実習・保育実習の手引き（改訂版）』西九州大学子ども学部子ども学科，2015年。

民秋言・安藤和彦・米谷光弘・中西利恵（編著）『保育所実習』北大路書房，2011年。

小田豊（監修），岡上直子・鈴木みゆき・酒井幸子（編著）『教育・保育実習と実習指導』光生館，2012年。

田中まさ子（編著）『幼稚園・保育所実習ハンドブック』みらい，2011年。

岡本幹彦・神戸賢次・喜多一憲・児玉俊郎（編著）『福祉施設実習ハンドブック』みらい，2013年。

丹羽ヤエ子（編著）『実習指導テキスト――保育所実習（改訂版）』西九州大学短期大学部幼児保育学科，2009年。

谷川裕稔・富田喜代子・上岡義典（編著）『教育・保育実習ガイドブック――振り返りができるポートフォリオつき』明治図書出版，2014年。

菱谷信子・高橋哲郎（監修），田尻由美子・元田幸代（編著）『保育者をめざす学生のための実習指導サブノート（改訂版）』ふくろう出版，2011年。

保育をひらく扉⑥
ちょっと待って！　その写真，SNSにあげるのですか？

　みなさんのなかにもFacebookやTwitter，Instagramを利用している人は多いのではないでしょうか。また，今見たおもしろいものやかわいいものを写真に撮ってLINEで友だちと共有することも楽しいですよね。
　しかし，そんなSNSも使い方次第で大変なことになるって，知っていますか？
　みなさんは，保育所や幼稚園で実習する前に，実習で知り得たことを人に教えないという誓約書を書きます。これは，子どもやその保護者などの「プライバシー」を守るという「守秘義務」をみなさんに課しているのです。
　では，なぜそのような守秘義務が必要なのでしょうか。1つ例をあげて考えてみましょう。
　たとえば，DV（家庭内暴力）で子どもと一緒に夫から避難しているお母さんがいるとします。そして，夫は避難したお母さんのことを探しています。そんななか，あなたは保育所に実習に行き，かわいい園児の写真をスマートフォンで撮影してFacebookにあげてしまいました。その園児の写真をたまたま見た夫は，お母さんの避難場所を突き止めてしまい，お母さんはせっかく決まった仕事も辞めてまた避難することになりました。
　この例を，極端な例だと考える人がいるかもしれません。自分の投稿の公開範囲は友人までになっているから，写真をたまたま見つけるなんてあり得ないと思う人もいるでしょう。しかし，あなたの友人の関係者に，DV夫がいないと断言できますか？
　そもそも，みなさんも自分の写真を他人から勝手にSNSにあげられるのは嫌だと思います。その嫌な気持ちを未然に防ぐための「プライバシーの保護」「守秘義務」なのです。そしてもちろん，乳児にだってプライバシーは存在するのです。
　情報は考えてもみない経路で伝わってしまうことがあります。そして，みなさんが軽い気持ちで友だちに話した内容，SNSにあげた写真が原因で大変な事態になってしまった場合，損害賠償という形で償う必要も出てきます。何より，自分のプライバシーを侵害された子どもや保護者などの気持ちを考えてみてください。
　プライバシーはとても大切な権利です。気を引き締め，しっかりと守秘義務を守って，実りある実習をしてくださいね。
　実習生は，実習先の写真を撮影しないということが原則です。実習生も施設や働く人々，利用者さんのリスクを避けるよう努力をする義務があります。

第7章
保育実習に行く準備をしよう

学びのポイント
・実習施設を決める手続きなど，一連の流れを理解しよう。
・実習計画の作成について理解しよう。
・実習準備として実習生の立場を理解しよう。

　ここでは，保育実習に行く前に学ぶこと，事前に準備することについて説明をします。①保育実習に行くための条件事項，②保育所・施設の選び方，実習先への事前訪問，③実習生としての心構えなどを確認します。

1．保育実習までに確認しておくこと

(1) 履修条件の確認

　保育士資格を取得するためには，まず履修を確認する必要があります。各養成校の指定科目のすべてを履修し，また単位を修得しなければなりません。多くの養成校は，保育実習の履修条件として実習前提条件科目の設定をしています。これを修得していることが実習を行う条件となります。実習科目の履修前までに，単位を修得できるか各自で確認し，履修は計画的に行うようにしましょう。

(2) 実習に対する意思や学習に取り組む姿勢の確認

　実習先の職員の方は，みなさんが将来，保育士として働くことを願い，後輩育成のために貴重な時間を割いて指導をしてくださっています。そのため，実習を行う前に，本当に保育士になりたいのか，保育士が本当に自分に合っているのか，もう一度自分の気持ちを確かめてください。実習では，短期間にさまざまなことを経験し，学ぶことも多いため，体力も気力も体調も十分に整えたうえで行う必要があります。そのため，保育士になる，という強い気持ちがないとなかなか乗り越えられるものではありません。「絶対に保育士になる」という強い気持ちをもったうえで，実習に臨んでください。

2. 保育実習までの一連の流れ

(1) 実習施設を選択しよう

　養成校側は，実習に協力してくれる施設と実習の受け入れの契約を結んでいます。これらの施設のなかから，みなさんは自分の希望にあった実習施設を選ぶことになります。一度出した希望は，原則として，みなさんの都合では変えられません。そのことをふまえて，どのように実習施設を選んだらよいか，みていきましょう。

① 保育所の選び方

　第一の選択ポイントは，実習施設の保育理念や方針を手がかりに選ぶという方法です。保育理念や保育方針には，その保育所がもっとも大切にしている保育の核が示されています。その施設が子どもの自主性を重視しているのか，協働性を重視しているのか，あるいは創造性を重視しているのか，などを見分けてください。

　もう1つの選択ポイントは，保育形態を手がかりに考えるという方法です。保育方針によって多様な保育形態があります。1つのねらいを掲げてクラスの子どもたちが1つの活動に取り組む一斉保育や，一人ひとりの興味関心に応じて遊びを展開する自由保育形態などがあります。また，異年齢の縦割り保育を実施している保育所もあれば，乳児クラスでは担当制を実施している保育所もあります。これらの保育方針や保育形態には，それぞれの特徴と良さがあります。自分の子ども観や保育観，自分の興味や関心，あるいは自分の性格や特性と照らし合わせて選択をするのがよいでしょう。

② 施設実習における福祉施設の選び方

　施設選択の時点で重要なポイントは2つあります。1つは，保育実習が可能な施設は，限られていることです。保育所等以外の児童福祉施設には，「乳児院」「児童養護施設」「児童発達支援センター」などの施設が指定されています。ほかにも，これらの児童福祉施設に加えて，成人の障害者支援施設においても保育実習は可能です。

　2つ目は，これらの福祉施設の種類別ごとの特徴を理解することが重要です。障害のある児童・利用者のための施設では，障害の専門的な知識に加え，訓練や作業を通じた自立を支えることが求められています。一方で，児童養護に関わる施設には，育てることが困難である家庭の子どもが入所します。このような子どもと生活をともにして支援，指導していくことが求められます。また，子どもと一緒に生活できない困難を抱えている家族への支援も必要です。それぞれの施設で求められている保育士の職務内容と役割を理解したうえで，施設を選びましょう。

（2）実習施設について調べよう

① 保育所・施設について調べる

　養成校には，それぞれの施設のファイルがあり，そのなかには保育所・施設のパンフレットや先輩が残した資料を保管しています。これらの資料を活用し，保育所・施設についての概要（①所在地，②設置者名，③代表者名，④立地環境，⑤職員構成，⑥利用者構成，⑦施設方針や理念）などについてまとめておくとよいでしょう。また，保育所・施設には，法律で設置の根拠や利用条件，設置基準などが決められています。これらについても養成校で使用しているテキストやインターネット等を活用して調べて，まとめておきましょう。さらには，保育所・施設では，他の専門機関や専門職及び地域とのつながりは欠かせません。そのため，事前に調べ得る社会資源について，わかる範囲で調べ，まとめておきましょう。

② 交通経路の確認

　実習では，自宅から施設までの交通経路を確認して，通勤時間を確認しておく必要があります。実習中の遅刻は厳禁です。施設によっては，交通の不便なところにある場合があります。また，施設によって早出と遅出があり，早出の場合は，通常より出所時間が早く，遅出の場合は，退所時間が遅くなります。また，土日祝日などは，平日のダイヤと異なることもあります。そのため，通常の交通経路とは別に，早出と遅出及び土日祝日の交通経路についても，調べておきましょう。

　また，保育実習では，原則自家用車での通勤を禁止しています。しかし，施設によっては立地が極めて悪く，公共交通機関では通いにくいことがあります。その場合は，自家用車での通勤が可能か，実習先及び養成校に確認し，通勤に利用する場合は，注意事項や保険内容，駐車場などを確認しておき，万全の準備をしておく必要があります。

（3）実習計画書を作成しよう

① 保育実習の目的と課題を考えること

　保育実習を行う際に，保育実習の目的を考えておくことは大切なポイントです。保育実習の目的は，これまで学んできた教科全体の知識や技能を基礎とし，これらを総合的に実践する応用能力を養うため，乳幼児，児童，利用者と直接に触れあいながら，実践的，総合的に保育や保育士のあり方を学び，保育士として必要な資質や技能を身につけることを目的としています。また，実習を通して保育士になるにあたっての自分自身を振り返り，課題をもって実習を行う必要があります。

② 実習計画書の意義と作成方法

　実習計画書とは，自分の実習目的を達成するために，どのような活動が必要なのかを考え，それを実践して目標達成につなげていくためのプランニングシートです。たとえば，障害者支援施設での実習目的が，「施設で生活する利用者一人ひとりの障害の特性を理解し，個々人に応じた支援のあり方を習得する」であったとします。実習計画書では，この目的を達成するために，何を実施すればよいかを具体的に考えていきます。「利用者一人ひとりの名前を覚える」「障害の特性を理解する」「それぞれの支援のあり方を理解する」など実習が進むに応じて順序立てながら，計画を立てていきます。

　また，10〜12日間ある実習期間を，前期，中期，後期に分けて考えて，段階を追って目標を変化（進化）させてみるのもよいでしょう。具体的には，前期では，観察実習中心の課題を立てます。そして中期では，実際に活動に参加し，利用者や子どもと関わりながら学ぶことを課題として立てます。後期には，具体的な支援方法や利用者側に立った場合の具体的配慮の習得を課題として立てるとよいでしょう。

　このように実習計画書では，はじめに大きな実習の目的を立てて，その目的を達成するために必要なことを小さく分類して，日々の実習課題や意識的に行動すべきことを順序立てて具体化していきます。

③ 実習計画を立てるヒント

　みなさんの多くは保育を体験したことがないと思いますので，実習計画書を書くにあたって保育のイメージが不足しがちです。そのような場合には，保育の「実際」をはじめて体験するという自分の状態を見つめてから目的を立てることです。たとえば，0歳児と触れあった経験がない場合は，「乳児保育の実際を体験し，月齢による発達の違いを学ぶ」といった目的を立て，乳児クラスでの実習を希望していることを実習施設に伝えるといいでしょう。あるいは，これまで学んできた講義などと関連づけながら実習目的を立てることです。たとえば，「乳児保育」で学んだ月齢による睡眠の違いや離乳食について，実践的に確かめながら理解を深めることができます。「社会的養護」で学んだ障害者の社会的自立について，実際の作業や訓練を通して学びを深めることもあります。このように，これまで学んできた講義を振り返り，学んできた知識や疑問に感じたことから，それを明らかにする実習目的を立てるのも1つの方法です。

　また，実習の目的を立てる際には，抽象的な目的と具体的な目的を分けて考えてみることです。たとえば，実習目的を「子どもの発達に応じた支援のあり方を学ぶ」と

したとしましょう。実習する年齢が決まっているのであれば,「0歳, 1歳, 2歳の発達の違いを理解し, それぞれの発達段階に応じた対応の方法を学ぶ」というように, 年齢や場面などを焦点化すると, 実習の際に意識的に行動し学びが深められるでしょう。また, このような具体的な目的は実習日誌の「本日の実習課題」といった項目を記入する際の手がかりとなります。

④実習計画書の具体例

表7-1に, 実習計画書の具体例を示しておきます。書式は各養成校によって異なると思いますが, ①実習施設名, 施設種別, ②所在地, ③設置者名, ④代表者名, ⑤立地環境, ⑥職員構成, ⑦利用者構成, ⑧施設方針や理念などとともに, ⑨実習日程(予定)や, ⑩実習の目標を記入する欄を設けているものが多いかと思います。

(4) 実習オリエンテーション(事前訪問)に行こう

①学内でのオリエンテーション

多くの養成校では, 実習オリエンテーション(事前訪問)のためのオリエンテーションを学内で行います。ここでは, 主に実習オリエンテーション(事前訪問)の流れや実習指導者との打ち合わせ内容や訪問マナーについて学びます。実習オリエンテーション(事前訪問)では, 事前にしっかりポイントを学んだうえで, 相手に失礼のないように行うことが大切です。それでは, 以下の流れに従って, 実習オリエンテーション(事前訪問)のポイントを確認していきましょう。

②実習先に訪問のアポイントをとる(電話をかける)

まず, 実習先の実習指導者に電話をかけ, 訪問のためのアポイントをとります。そして, お互いの都合を調整し, 訪問日時を決めます。電話をかけるタイミングは, 午後の子どもたちのお昼寝の時間や夕方の子どもたちが降園した後がよいでしょう。実習指導者に電話がつながったら, すぐに用件が確認できるように, 事前に確認したいことはメモをしておき, 手短に行いましょう。また, スケジュール決定後の日程変更は, 相手に迷惑がかかるため厳禁です。しかし, やむを得ない事情がある時は, 早急に連絡をとり, 丁寧にお詫びをしたうえで, 再訪問の予約をとります。

また, 訪問時に書類の提出を指示される場合があります。なかでも「腸内細菌検査(検便)」などは, 自分で地域の保健センターや検査機関に提出しなければなりません。検査結果が手元に届くまでに1週間程度かかります。そのため検査にかかる期間を確認し, 余裕をもって準備をするようにしましょう。

表7-1 実習施設概要及び実習計画(例)

在籍番号		氏　名	
実習施設名称	子ども発達支援施設　joyひこばえ		
所 在 地	福岡市博多区上川端町6-10		
設置者名	社会福祉法人　JOY明日への息吹	代表者名	
実習指導者名		電　話	092-271-1588
地域・環境	周囲には中洲川端商店街,キャナルシティ,櫛田神社などがあり,いつも活気に満ち溢れている		
職員構成	施設長,児童発達支援管理責任者,保育士,児童指導員,言語聴覚士,音楽療法士,作業療法士,事務員,運転手,調理員,医師		
入園(所)・施設子どもの構成	保育室3室・遊戯室・個別指導室・相談室・職員室・事務室・静養室・会議室兼地域交流室・厨房は各1室 知的な発達の遅れや発達に偏りをもった3歳から5歳の子どもがおり,通常クラス編成(年齢混合3クラス)。活動によってはグループの再編成を行っている。言語療法・音楽療法は個別・小グループによる療育		

《療育方針》
・一人ひとりの発達の特性にあわせた支援
・家庭との連携と家族支援
・遊びや生活に根ざした支援
・地域,関連機関との連携を重視した支援

《療育の目標》
・基本的な生活習慣を身につけよう(食事・排泄・着脱等)
・遊びのなかで丈夫な身体をつくろう
・人とのふれあいのなかで豊かな心を育てよう

《保護者との連携を大切に》
・子育て支援としてのアドバイス
・発達への関心と理解のための学習会
・将来を見据えた施設見学の企画・実施
・保育参観,行事への保護者参加
・地域交流や先輩保護者の話を聞く機会の提供

《療育の質の向上と維持のために》
・個別支援計画に基づく一人ひとりの成長を見据えた支援の実施と保護者面談の定期的実施
・専門知識の修得と技術向上のための職員研修の実施

月／日	実　習　内　容
2／3	施設の雰囲気と流れを知る
2／4	子どもたちの名前を覚えて,より多くの子どもと関わる
2／5	子どもたちの障害特性について理解する
2／6	クラスの子どもたちと交流する保育園児のようすを観察する
2／7	保育者の子どもたちへの声かけや対応を学ぶ
2／10	自閉症児の言語理解について観察する
2／12	子どもたちの行動の原因を分析する
2／13	障害受容が難しい方の原因と課題について学ぶ
2／14	発達障害についての理解を深める
2／15	設定保育を通して今後の課題を見つける

《実習の目標》
①施設の役割・機能を学び,保育のねらいについて理解する。
・施設の役割と機能を学び,施設の療育の理念や目標をもとに行われている支援の実際について知る。
・施設の利用者の特徴と利用目的について学び,施設の1日の流れを把握しながら,どのような保育のねらいのもとで支援が行われているのかを知る。
②子どものもつ障害特性について理解し,一人ひとりの子どもの個性と成長に合わせた支援方法のあり方と実際について学ぶ。
・子どものもつ障害特性と支援をする時の配慮点について学ぶ。
・子どもをよく観察し,積極的に関わりながら,子どもの性格をよく把握し,子どもの強み(ストレングス)と苦手なことを捉えたうえで,子どもが成長する声かけや支援方法を保育士が行う支援から学ぶ。
③保育士の役割を理解し,子どもへのコミュニケーションスキルを身につける。
・保育士の仕事内容を観察し,声かけやコミュニケーションの留意点を捉え,スキルを身につける。
④子どもの好きな遊びを知り,子どもの成長にあった遊びとそのねらいについて学ぶ。
・普段の子どもたちの遊びを観察し,好きな遊びと年齢による難易度について理解する。
⑤施設の環境構成について学ぶ。
・施設内を観察し,施設内の設備と物の配置場所の意味を考え,安全意識を明瞭にする。
・自分で環境を構成し,実際に子どもの発達の支援を行う。

③ 実習先を訪問する（訪問当日）

訪問当日は，約束した日時を守り，指定された場所に実習指導者を訪問します。時間に遅れないように余裕をもって訪問することが大切ですが，万が一，遅れそうな時は，必ず約束した時間までに実習指導者に連絡をし，お詫びをしたうえで，到着時間を伝えます。

実習先に着いたら，元気よく挨拶をし，指示された書類（例「実習計画書」「実習生調査書」「誓約書」「麻疹（はしか）調査書」「健康診断書」「腸内細菌検査」など）を実習指導者に提出します。

④ 実習指導者と打ち合わせをする（確認する内容）

実習指導者との打ち合わせでは，実習を行ううえで大切な内容を確認しますので，実習指導者の説明をよく聞き，メモをとります。わからないところ，事前に学習すべきことは，この時に質問して解消しておいてください。実習オリエンテーション（事前訪問）で確認することとしては，以下の例を参考にして事前に準備しておきましょう。

〈実習オリエンテーションで確認する内容：参考例〉
- 施設の沿革，施設の理念，施設の目標，支援内容
- 入所児の特徴，在籍人数や年齢・性別の割合，クラス数及び担当クラス
- 子どもたちの1日の流れ（デイリープログラム）と実習全体のスケジュール
- 勤務体系と毎日の勤務時間，休憩時間，休日
- 通勤時の服装，実習中の服装や持ち物
- 実習における実習生が注意すべき態度や心構え
- 宿泊実習を行う場合，宿泊施設の場所，利用方法，食事，入浴，洗濯方法，休憩時間の過ごし方，携帯電話の使用，現金及び貴重品の管理方法
- 食事代，おやつ代や寝具のリースなど，実習中にかかる費用の総額や支払時期
- 初日の出勤時間，服装，待機場所，通勤手段，ロッカールームの場所
- 実習計画書の内容の確認

⑤ 実習担当教員と実習助手に報告

実習オリエンテーション（事前訪問）で受けた説明や得られた情報は，各養成校の実習担当教員と実習助手に報告します。この時に，わからないことや不安なことなどについて相談し，適宜必要なアドバイスをもらいましょう。

3．実習に向けた準備と心構えを確認しよう

(1) 実習に向けた準備

　保育実習がはじまるまでに事前学習をしっかり行っておくと，実習の学びがより深まります。実習オリエンテーション（事前訪問）の時に出された課題については，これまでに学んだことをもとに，しっかり準備する必要があります。特に，ピアノや手遊び，わらべ歌，絵本読みなど，たくさん調べて練習しておくと，子どもと関わるうえで役に立つことでしょう。

　実習前の事前準備は，以下の例を参考にしてしっかり行いましょう。

〈実習前の事前準備：参考例〉
- 実習オリエンテーションで確認したことや先輩の実習日誌等を読み，実習についてのイメージをもつ
- 各年齢でよく使う保育技能（手遊び，折り紙，歌，絵本，ピアノ等）を確認し，実際に練習して，色々なバリエーションを考えておく
- 手づくりおもちゃ等の教材を作成し，利用方法や利用手順を確認する
- 担当クラスを想定した実習指導案を作成し，書き方や書く時の注意事項について確認し，予行練習を行う
- 実習日誌の書き方と書く時の注意事項を確認する

(2) 実習の心構え

① 謙虚な心で子どもや実習指導者から学ぶ

　実習生は，実習中，保育士と一緒に子どもの保育に携わることになります。そのため，保育士の指導のもと同じ行動や対応が求められるのですが，みなさんはプロの保育士ではありません。実習中は，「保育の現場に入らせていただき，保育士と子どもから学ばせていただく」という謙虚な姿勢をもって実習に取り組みましょう。

② 意欲をもった取り組みと姿勢

　保育実習では，事前に計画した実習計画書をもとに，自らの実習をデザインする積極的な取り組み姿勢が必要です。実習では，実習先が行う保育の流れを大切にしながら，実習で達成したい目的，目標を掲げ，実行する必要があります。しかし，保育士が実習生のために実習プランを計画している場合には，実習プランを優先させ，そこに自分の実習計画をコミットさせる柔軟性が求められます。日々の目標を1日のはじ

めに実習指導者に伝え，保育を行うなかで，自らその目標に焦点をあてて保育を振り返ることも大切です。

③ 実習生という立場をわきまえる

　保育実習で保育現場に入ると，実習先で行われるさまざまなことについて現実を見聞きすることになります。そのため，実習で出会った子どもの成長や保育士のあり方について，いろいろな気づきがあるかもしれません。また，保育内容や子どもの家庭環境，保育士の仕事内容，職場環境について，よくないことを知るかもしれません。ここで注意したいのが，明らかな虐待事例などがない限り，実習生が安易に保育を評価したり，不用意な発言・行動をしたりしないようにすることです。実習生が関わるのは，実習期間中の限られた時間のなかだけであり，その一部分しか見ていないので，その一部分だけで，物事を判断したり評価したりはできないものです。何か気づいたことがあれば，反省会などを通して質問する等にとどめ，あからさまな批判や意見を言うことは避けるべきです。実習生として，十分な自覚のもと，言動や行動には注意が求められます。

④ 社会人としてのマナーや態度

　実習生は，子どもたちから見るとクラス担任の先生と変わりません。実習中は，子どもたちのお手本となるような言動・行動・立ち居振る舞いに努め，社会人として必要な常識をふまえたうえでの対応を心がけていただきたいものです。時間を守ったり，決まり事を守ったり，実習日誌・実習指導案の提出期限を守ったりすることは，最低限のマナーではありますが，これに加え，実習に必要な持ち物の準備や必要な書類の準備，健康管理など，自分で気をつけないといけないこともあります。社会人としての自覚をもち，実習に臨む必要があります。

⑤ 子どもとの関係

　乳幼児期は，身体の成長，情緒の安定，人格形成の大切な時期です。保育所・施設で過ごすなかで，子どもたちは集団のなかでさまざまなことを経験し，自然や人々と関わりながらいろいろなことを吸収して成長していきます。みなさんは，子どもたちの大切な「いのち」を預かりながら，子どもの成長に応じた支援をすることになります。子どもを常に冷静に見つめ，温かい心で接し，子どもと信頼関係を築きながら，子どもとの距離を縮めていきましょう。子どもと関わる時は名前で呼び，性格，気質，発達状況，行動特性等を把握し，子どもの育ちや暮らし，環境を把握し，できるだけ多くの子どもと関わりましょう。

⑥ 保育士との関係

　実習中は，保育士がみなさんの先生になります。保育士の指示に従いながら，保育を行うようにしてください。また，実習を進めるなかで，わからないことや詳細に知りたいことなどがあれば，メモをしておき，空き時間，反省会などを利用して質問し，疑問を解消してください。また，保育士とは，報告・連絡・相談（ホウ・レン・ソウ）をこまめに行い，情報共有を行いましょう。たまに，実習中に保育士との関係がこじれて悩む人がいます。その時は，1人で抱え込まずに，電話やメールまたは巡回指導の時に養成校の先生に相談しましょう。

⑦ 保護者との関係

　実習中は，送迎や行事の時などに，保護者と関わることがあります。目が合ったら元気に挨拶をし，失礼のないように気をつけましょう。

⑧ 守秘義務

　実習中に知り得た子どもの情報は，すべて個人情報となります。実習が終った後も含めて保育所外の家族や友人にも個人情報は絶対に漏らしてはいけません。最近では，LINEやTwitter，Facebookなどで，実習について友だちに報告する人がいますが，絶対にしてはいけない行為です。個人情報については，個人情報保護法で厳しく規制されています。みなさんには，これをふまえて，誓約書を書いてもらい，これらについて確認をしています。個人が特定できる物や情報の取り扱いについては，十分に注意しましょう。

⑨ 健康管理

　実習中は，普段の生活と違う面も多く，緊張が続くこともあり，体調を崩してしまう人もいます。日頃から体調管理を行い，感染しない，感染させないということを基本として，実習前は感染症予防のための予防接種を受けたり，実習中も規則正しい生活を心がけ，うがい，手洗いをしっかり行うなど，健康管理には特に気をつけましょう。

⑩ ホウ・レン・ソウの徹底

　実習中は，わからないことや不測の事態に遭遇することが多々あります。その時は，1人で抱え込まず，また実習生同士で確認し合うのではなく，必ず保育士や養成校の先生に報告・連絡・相談をするようにしましょう。そこで，解決に向けてのアドバイスや指導をもらうようにしましょう。ここでのポイントは，迷った時は決して自分だけで判断しないことです。

　以上の実習前の心構えの内容を確認して，よりよい実習となるように心がけましょう。

第 7 章　保育実習に行く準備をしよう

チェックシート

	項　　目	チェック
1	実習に行くための履修条件について確認しましたか。	
2	実習施設（保育所・施設）の選び方について理解できましたか。	
3	実習施設（保育所・施設，交通経路）を調べることについて理解できましたか。	
4	実習計画書を書く時のポイントと書き方について理解できましたか。	
5	実習オリエンテーションの流れと内容について理解できましたか。	
6	保育実習までに準備しておくことについて理解できましたか。	
7	実習に向けた準備と心構えについて理解できましたか。	

参考文献

西南学院大学人間科学部社会福祉学科保育実習担当者（編著）『保育実習の手引き』キャンパスサポート西南，2015年。

守巧・小櫃智子・二宮祐子・佐藤恵『施設実習パーフェクトガイド』わかば社，2014年。

駒井美智子（編著）『施設実習ガイド――保育者として成長するための事前事後学習』萌文書林，2014年。

保育をひらく扉⑦
実習中の危機管理は大丈夫？

　ある実習生の乳児院での施設実習での出来事です。実習生Aさんは，はじめての施設実習で，まだハイハイができない赤ちゃんのお世話をすることになりました。赤ちゃんと関わるのもはじめてで，とても緊張しながら実習をしていました。

　実習も中盤にさしかかり，だんだん赤ちゃんのお世話にも自信がついてきた頃のことです。保育士から，Bちゃんの担当を任されました。Bちゃんは，8か月の女の子で，離乳食にも慣れてきて上手に食べられるようになっていました。

　「Bちゃん，お昼だよ。お腹すいたよね。お昼ご飯食べようね」と声をかけて，実習生Aさんは Bちゃんを子ども用の背の低い座卓用椅子まで抱っこで連れて行き座らせました。Bちゃんは「ウーウー」といって喜んでいました。

　Aさんは「Bちゃんのご飯持ってくるから，ちょっと待っててね」と声をかけ，Bちゃんの食事を取りに行き，Bちゃんの前にご飯がのった配膳プレートを置きました。すると，Bちゃんがご飯に手を伸ばした瞬間，勢いあまって座位が保てず，頭から机に倒れこみおでこを強打しました。Bちゃんは「ウゥー」と泣き出しました。実習生Aさんは，あわててBちゃんを抱きかかえて，「痛かったねー，ごめんね」と言って，おでこをなであやして落ちつかせました。保育士がその様子を見て「どうしたの？　大丈夫？」と声をかけてくれたので，実習生Aさんは，事情を話しました。

　すると，保育士は「Bちゃんは，ご飯が大好きで，ご飯を見ると途端にすばやい動きになりご飯に手を伸ばすことがある」ことや「頭が重くてまだ座位が上手く保てず不安定なので，椅子に座らせる時はまだ注意が必要」なこと，さらに，「ご飯の時は，Bちゃんを椅子に座らせたら，椅子を押して，机とBちゃんとの間に隙間をつくらないようにする」など，Bちゃんの食事をさせる時の注意点を教えてくれました。また，「赤ちゃんの行動にある程度予測をつけて，先回りして考え，安全を確保できるようになるといいね」というアドバイスをしてくれました。次は絶対気をつけようと深く反省しました。

　このように，実習の間では，予期せぬ事故が起こりがちです。危険を予期することは子どもの特徴をよく見てこそ回避できるものですが，このようなヒヤリハットの体験を十分分析して，大きな事故につながらないようにしましょう。

第8章
保育所実習のデザインと実際を学ぼう

> **学びのポイント**
> ・保育所実習の意義と目的を理解しよう。
> ・保育士の仕事と保育内容を理解しよう。
> ・課題を明確にし，子どもの姿を捉えた実習指導案を書こう。

　ここでは保育所実習の実際について学びます。保育所実習で学ぶポイントを押さえ，実習で出会う子どもたちと保護者の姿を捉え，保育士の仕事内容について学びましょう。また，実習指導案の意義を理解し，ねらいと保育内容を明確にもち，きめ細やかな計画を立てましょう。

1．保育所実習のデザインのために

(1) 0～6歳までの大きな発達・成長期の子どもたち

　保育所には，生後57日の産休明けから入所する乳児，さらに6歳の就学前幼児まで幅広い年齢の子どもが入所しています。子どもの生活や遊びのなかにいて観察をしながら，月齢で変わる発達過程や個人差，躍動する子どもの内面を子どもの立場に立って理解し，一人ひとりの子どもの発達や生活の連続性に配慮した発達の援助を行いましょう。

(2) 保育所の子どもたちの1日の生活（デイリープログラム）を基本に

　保育所の1日は，子どもが心身ともに心地良く，安定して過ごせるように作成された月齢・年齢ごとのデイリープログラムに基づいて実施されます。デイリープログラムとは，日々繰り返される食事，睡眠，排泄などの子どもの生理的リズムを軸にして，保育士の援助や配慮とともに登園から降園までの1日の生活の流れがデザインされたものです（表8-1）。子どもの福祉の増進にもっともふさわしい生活の場となるよう，デイリープログラムを基本にしながら，その日の子どもの状況に応じて柔軟に保育を展開している様子を観察し，体験しながら理解しましょう。部分実習や責任実習で保育をデザインする際にはデイリープログラムを基礎に作成してください。

表8-1　デイリープログラム例

時間	0歳児	1・2歳児	3・4・5歳児
7：00～	〈早朝保育〉 順次登園・健康観察 検温・おむつ交換 遊び	〈早朝保育〉 順次登園・健康観察 挨拶・排泄 遊び	〈早朝保育〉 順次登園・健康観察 挨拶 遊び
8：30～	〈通常保育〉 順次登園	〈通常保育〉 順次登園	〈通常保育〉 順次登園
9：30	遊び（保育士とともに） 睡眠	自由遊び おむつ交換・排泄	所持品の整理・自由遊び 片づけ・排泄
10：00	授乳・離乳食	おやつ 遊び（戸外・室内）	朝の集まり 遊び（保育活動）
10：30	おむつ交換 遊び（戸外・室内）	着替え・手洗い	
11：00	散歩	おむつ交換・排泄	排泄・手洗い・昼食準備
12：00	沐浴・水分補給・おむつ交換 睡眠	昼食 着替え・おむつ交換・排泄	昼食 片づけ・歯磨き
13：00	検温・おむつ交換	午睡	着替え・排泄 午睡（5歳児は遊び）
14：00	授乳・離乳食 おむつ交換	目覚め	目覚め・着替え
15：00	遊び（保育士とともに） おむつ交換	おむつ交換・排泄・着替え・手洗い おやつ おむつ交換・排泄・自由遊び	排泄・手洗い おやつ 降園準備・帰りの集まり
16：30～	順次降園	順次降園	順次降園
18：30～	〈延長保育〉 おやつ 遊び	〈延長保育〉 おやつ 自由遊び	〈延長保育〉 おやつ 自由遊び
19：30	順次降園	順次降園	順次降園

（3）保育実習Ⅰ（保育所）から保育実習Ⅱ（保育所）へとステップアップ

　保育実習Ⅰ（保育所）では，主に保育所の役割や機能を理解すること，子どもを理解すること，保育士の職務内容を理解することを学びます。ここでの課題は以下の内容にまとめられます。

・保育所の役割や機能の理解
・子ども理解
・保育内容，保育環境

・保育の計画，観察，記録
・専門職としての保育士の役割と職業倫理

　保育実習Ⅱ（保育所）では，保育実習Ⅰ（保育所）を基盤にしながら，子どもへの保育内容と支援，保護者や地域の子育て家庭への支援を主に学びます。ここでの課題は以下の内容にまとめられます。

・保育所の役割や機能の具体的展開
・観察に基づく保育理解
・子どもの保育及び保護者，家庭への支援と地域社会等との連携
・実習指導案の作成，実践，観察，記録，評価
・保育士の業務と職業倫理
・自己課題の明確化

　2回の実習を通して確実に保育士へのステップアップを実現してください。そのためにも実習保育所の環境に適応しながら，保育実習を自分でデザインしていくことを試みてください。

2．実習指導案のつくり方・書き方

（1）各保育所には「保育課程」「長期指導計画」「短期指導計画」がある

　各保育所には，それぞれの方針や目標に基づいて編成された保育の全体計画「保育課程」があります。この保育課程に基づき，より具体的に作成されるのが「指導計画」です。指導計画には，年・期・月などの長期指導計画と，さらに日々の子どもの姿に即して考えられた週・日の短期指導計画とがあり，これら保育の計画を柱に，日々の保育が展開されていますが，実習生も保育所の作成している保育の計画の流れのなかで実習を進めます。

（2）部分実習と実習指導案の作成

　実習中に，一部の活動を「部分実習」として担当させていただくことがあります。その場合，各保育所の各クラスがもつ週・日の短期指導計画における日案のなかのさらに細かい一部分の細案を作成します。これが「実習指導案」です。子どもは，保育

所の1日のなかで多くのことを経験し、そのすべてが成長の貴重な機会です。実習生が担当する活動についても実習指導案を立て、責任をもってそこに臨むことが大切です。実践の後に自分で立てた実習指導案をもとに振り返り、うまくいったところと難しかったところについて、その理由を考察し、次の計画に活かすことができるように取り組みましょう。

　実習指導案は、子どもがより主体的に活動し経験の質がさらに高まるように、予測を立て、活動内容にともなう環境構成や援助方法までをしっかりと考えて立案するものです。けれども、子どもの活動を計画通りの型にはめて規定してしまうものではありません。実際の場面では、実習指導案をもとに子どもの興味・関心の方向や反応を捉えながら、その場で柔軟に対応していくことが必要となります。

（3）実習指導案の作成ポイント

　実際に実習指導案を作成するポイントを見ていきましょう。実習指導案の各項目名は少し違う様式もありますが、内容としては「子どもの姿」「ねらい」「活動内容」「環境構成・準備」「生活のプログラム」「子どもの動き」「保育援助及び留意点」から構成されます。さらにクラスの子どもについて、全体と男女別の人数や年齢についても記載しますが、これも計画を立てる際の1つの情報とします。

① 子どもの姿・ねらい・活動内容

　まず、その時の子どもの姿を捉えます。これは、子どもたちがどのようなことに興味をもち、どのような力を身につけている段階で、どのように園での生活を送っているのかというようなことです。それらをふまえて、その活動によって経験してほしいこと、大切にしてほしいことを具体的に示したものが「ねらい」です。つまり活動の「ねらい」は、子どもの年齢による発達段階やその時の季節に即したものなどで漠然と決めるのではなく、その時の「子どもの姿」が土台となるのです。そのために、日々子どもの姿をより深く観察しておくことが必要です。さらにクラスの月や週の指導計画を見せていただき、そのクラスでは、子どもの姿をどのように捉え、どのような願いをもって保育が進められているのかを理解します。そうすると、日々の保育と実習生が担当する部分実習が連続性をもったものとなり、今ここにいる子どもの実態に即した実習指導案となります。

　もう1つ重要なのは、保育所保育指針に示されている「養護」と「教育」両方の視点をもってねらいを立てることです。つまり、「5領域」と「生命の保持」及び「情緒の安定」を念頭に置いて立案された実習指導案は、保育内容の基盤となる「養護と

教育が一体となって展開される保育」につながります。そして，その活動のねらいを達成するために子どもに経験してほしいことを具体的に示したものが「活動内容」です。クラスの習慣や生活の方法などを理解したうえで，ねらいに沿った活動内容を考えます。

　このように実習指導案は，現在の子どもの姿なしに作成できるものではなく，深い子ども理解が土台となります。ですから，その時のクラス全体を捉えることも必要ですし，たとえば乳児クラスで1対1での遊びや生活場面の実習指導案を作成する場合は，個別に発達や最近の心や身体の状態を理解しておくことが不可欠な要素となります。

② 時間・環境構成・実習生の援助と留意点

　部分実習は1日のうちのほんの一部ですが，それがその日の子どもにとってどのような時間帯なのか，その前後も考慮された計画でなくてはいけません。そして，その活動に必要な時間・空間・道具や遊具など必要な物を考え併せて環境を構成していきます。できるだけ具体的に，たとえば必要な用具や道具の数・種類・置き方や，実習生の立ち位置も含め，子どもの姿を思い描きながら考えます。環境構成については，図で示したほうがわかりやすい場合もあります。より具体的にイメージができるように工夫しましょう。

　そして，時系列に沿って実習生の援助や一つひとつの留意点を検討します。ここで重要なのは，保育をスムーズに進めることだけを目指すのではなく，ねらいを達成するための視点をもって考えていくことです。子どもがより主体的に活動し，ねらいに基づいた経験ができるための援助として，たとえば何かを説明する時に，どのような内容・手順・口調・テンポ・タイミング・姿勢で伝えることが有効かを考えながら書き留めていきます。その際に，「～させる」などの指示的な言い回しではなく，子どもの主体性を尊重しながら書いていきます。書くことによって，実際の場面での言葉のつかい方など詳細な部分についても検証でき，自分のなかでも整理がしやすくなります。

③ 実践と評価，そして次の実習計画に

　実習指導案ができたら，しっかりとシミュレーション及び予行実習をしておきましょう。一生懸命に作成した実習指導案でも，計画通りに進むとは限りません。予期せぬことが起きたり，子どもの反応が予想外であったりもします。でも，概ね予測を立て，全体の流れはもちろん細かい内容や方法も自分のものにしておくことが，実践の場で状況に応じて臨機応変に計画を再構成することにつながります。また，終わった

後に振り返り、うまくいったりいかなかったりした理由を考えることも大切なことです。それが、次の機会への再挑戦につながり、実習生にはその繰り返しが何よりの力になります。ですから実践を自己評価し、考察し、次の実習計画に反映させるところまで根気よく取り組みましょう。

3．実習指導案の例と解説

では、実際に実習指導案を次の観点に沿って見てみましょう。
・「子どもの姿」と「ねらい」はどのように関連しているか。
・「活動内容」と「保育援助及び留意点」は、ねらいに沿ったものとなっているか。
・「保育援助及び留意点」は、どのような視点でどの程度細やかに記述しているか。

また実習指導案の様式は、各保育所で決められたものがある場合もあります。事前に尋ねるとよいでしょう。

(1)「おむつ交換」の実習指導案（0歳児）と解説（表8-2参照）

乳児クラスでの実習は、排泄や食事の援助などの生活場面の一部を担当することがあります。この実習指導案のように、おむつ交換の場面で、子どもはいつもと同じ手順で進められることによって、子どもは次に何をするのかがわかり、見通しをもちながら安心してその場に臨むことができます。保育士は、次にすることをまず目を合わせて言葉をかけてから進めていくことが大切です。そして、保育士がすることに子どもが合わせるのではなく、子どもが声を出したらそれに応えたり、子どもの視線の先を追って子どもが見ているものについて言葉にしたりするなど、子どもの反応を見て応えながら進めていきます。つまり、おむつ交換という行為の主体は子どもであり、保育士と子どもがともに行う協働作業だという意識が大切です。幼い赤ちゃんは自分でできることはなく、一方的に世話をされているように捉えられがちですが、自分がしてもらっていることがわかり、保育士に手伝ってもらいながら協働でその行為を進めているのです。このような子どもの主体性を尊重することによって、少しずつ自分でできることが増えていきます。子どもは、一つひとつの場面で身近な大人と1対1で関わることによって情緒の安定が図られ、自立に向かうことができるのです。

実習では、安全・衛生面に充分に配慮しながら、手順を間違えずに一連の行為を行うことは大変なことですので、表情が硬くなったり無言で進めてしまったりすることもあります。でも、子どもと一緒にしているという意識をもつことで、子どもとの応答関係が生まれます。実習生自身が落ち着いた穏やかな気持ちでいることで、おむつ

第8章 保育所実習のデザインと実際を学ぼう

表8-2　指導案「おむつ交換」0歳児

番号	(実習生の学籍番号)		氏名	(実習生の名前)	
10月1日月曜日　　10時40分～10時50分				天気	
配属クラス　　ゆり組（0歳児）　　男児5名　女児4名　合計9名				場所	保育室・トイレ

【子どもの姿】　対象児：Rちゃん11か月	【ねらい（○）　内容（・）】
・つかまり立ちの姿勢を好んでしている。 ・興味があるものを見つけると素早くはいはいで移動する。 ・段ボールの押し箱を押したり，中に入ったり出たり，上手に重心移動をして遊ぶ。 ・先週風邪で発熱していたが，回復して鼻水もない。 ・指差しで要求を伝えたり，言葉をかける保育士の目をじっと見て話を聞いたりする。	○安心しておむつ交換に臨み，おむつ交換をすることで心地よさを感じる。 　・実習生の言葉を聞いたり，目を合わせたり，実習生がすることに注目したりしながら，落ち着いておむつ交換をしてもらう。 ○おむつ交換に関する行為のなかで，自分ができることは主体的に行う。 　・おむつ交換に行くことや，今自分がしてもらっていること，これからすることがわかり，できないことはしてもらいながら，自分でできることをしようとする。

【活動内容の概要】―おむつ交換―	【環境構成・準備】
食事前，保育室内で遊んでいるRちゃんを誘ってトイレに行き，おむつ交換を行う。実習生もRちゃんも一つひとつの行為に互いに注目し，コミュニケーションをとりながら進める。	・個人のおむつやバケツの場所を確認しておく。 ・出勤時に石鹸，消毒薬，個別の手拭タオルの補充や準備をしておく。

時間	生活のプログラム （環境構成も含む）	子どもの動き	保育援助及び留意点
10:40	保育室内で自由遊び食事の準備ができたら，先に食べる子からおむつ交換を済ませて食事をする。 ～トイレ内の配置～ バケツの棚 （バケツの上にお尻敷き） 棚（消毒）　手洗い 交換台 （引出しにおむつ）	・自分の好きな遊びをしている。 ・声をかけられたら注目する。 ・声をかけられたら，手を伸ばす。 ・抱かれてトイレに向かう。自分が向かう先を見る。 ・声をかけられたら，指し示された方を一緒に見る。	〈おむつ交換に誘う〉 ・Rのそばに行き，していることを見て声をかける。 「～～ができたね。」「たくさん入っているね。」など。 ・Rの目を見ておむつ交換に誘う。「もうすぐお食事だから，おむつをきれいにしてから食べようね。」 ・正面から両手をRのほうに差し出す。 ・Rが手をあげて抱かれに来たら抱き上げ，後ろ向きに背中から進むのではなく，進行方向が見えるような体勢で抱いてトイレに行く。 ～おむつ交換の手順の一つひとつを，まず目を見て言葉で言ってから行為に移る～ 〈おむつ交換の準備〉 ・言葉をかけながら新しいおむつ，お尻敷きの布を出して交換台の上に置く。「Rちゃんのおむつはここね。お尻敷きも敷くよ。」 ・Rを交換台の上におろす。「さ，きれいにしようね。ごろーんするね。」Rと目が合ってからそっと寝かせる。 〈汚れたおむつをはずす〉 ・「ズボン脱ぐね。」腰からズボンを下げる。

			・脱いだズボンやはずしたおむつなどを，実習生の言葉を聞きながら見る。	・「Rちゃんの赤いズボン，ここに置いておくね。きれいな色だね。」Rに見えるようにたたみ，横に置く。 ・「おむつはずすね。」Rと目が合ったらテープをはがしておむつをはずす。 ・「おしっこがいっぱい出てたねえ。気持ち悪かったね。」おむつをRの見えるところで丸める。「バケツに入れておくね。」Rが動かないように見て声をかけながら，おむつをRのバケツに入れる。 ・「手をきれいに洗うから待っててね。じっとしててね。」目を見て言い，Rが寝返りをしたりしないように目を離さずに手早く手を洗う。手を拭き，消毒をする。 〈新しいおむつをつける〉 ・「きれいになったよ。」両手を広げてRに見せる。 ・おなかや足をなでて「のびのび，気持ちいいねえ。」など，声をかける。 ・「じゃあ，おむつをしようね。」新しいおむつを手に取って広げ，Rに見せる。 ・Rと目が合ってから，腰に手を当てて少し浮かせ，おむつを下に敷く。Rが足をあげたら「ありがとう。はい，できたよ。」おむつを敷いたら足をおろすように促す。 ・おむつをはめてテープで留める。「テープを留めるよ。ぺたんぺたん。」 〈ズボンをはく〉 ・「じゃあ，ズボンはくよ。今日は赤いズボンだったもんね。」ズボンを手に取って見せる。 ・Rがズボンを見たら，裾をたくしてはきやすいようにしてもう一度見せる。 ・Rが足をあげたら「はい，ありがとう。ズボンはこうね。」足にズボンをはかせる。 ・「お尻あげるね。」腰に手を入れてズボンをあげる。 ・「お尻敷きも片づけておくね。」お尻敷きをとってたたみ，バケツの上に置く。 ・「さあ，きれいになったね。じゃあもう一回手を洗ってくるから待っててね。」目が合ってから手洗い場に移動する。目を離さずに「おなかがすいたね。今日のお食事なにかな。」など，声をかけながら手を洗い，拭いて消毒をする。 ・「お待たせ。さあ，さっぱりしたね。お食事しようね。」Rの正面に戻り両手の人差し指を差し出す。Rが指を握ったら，「起きるよ。」と言ってそっと起こす。 ・抱いて，おむつ交換台の消毒をする。「しゅっしゅと消毒して，きれいにしようね。」
			・目で追いながら，手を洗っているのを見る。	
			・気持ちよさそうに足をピンと伸ばす。	
			・足をあげておむつを敷きやすいようにする。	
			・ズボンを見て，足をあげる。	
			・目で追いながら，手を洗っている方を見る。	
			・実習生の指をしっかり握って，自分でも起き上がろうとする。	

| 10:45 | | ・抱かれながら，進む方向を見ている。 | 〈保育室に戻る〉
・進行方向が見えるような体勢で抱き，保育室に戻る。 |

交換を通して子どもと心が通い合い，情緒的な結びつきが深まります。ですから，生活場面についてもできるだけ細かい実習指導案を立て，行為の方法や順序をしっかりと把握し，子どもの姿を思い描きながら実際にシミュレーションをしておくことが必要です。

（2）「おおきなかぶ」の実習指導案（3歳児）と解説（表8-3参照）

　実習中に部分実習として担当させていただく活動として「絵本の読み聞かせ」の機会は多いと思います。実習生が絵本を読み進め，子どもたちはそれを聞くことだけが目的とならないように，子どもの姿を捉え，ねらいを立て，それらに基づいた活動内容と具体的な援助や留意事項を細やかに立案しましょう。

　この指導案のように，絵本の読み聞かせが単独の活動ではなく，自由遊びの後の片づけからつながっているという意識で考えていきます。片づけやみんなが揃うまでの待ち時間も含めて，子どもたちが主体的に参加できるように計画を立てます。ここでは，友だちに注目をしたり子ども同士の関わりを援助したりするような配慮や，1対複数でコミュニケーションをとる経験を支えるなど，実習指導案を立案するなかで子どもの姿として捉えられたことを，活動内容や実習生の援助方法に盛り込んでいます。さらに，担当させていただく活動のなかだけでなく，このような配慮や援助を，日常の生活や自由遊びの場面でも実践することは，子どもを継続的・多面的に捉えることにつながります。

　そして，実習指導案に基づいた実際の保育の場面では，子どもたちの様子を見ながら臨機応変に進めていかなければなりません。この指導案の場合，子どもたち一人ひとりの発言をどのように取り上げ，受け止めつつ活動を進めるかが，1つの重要なポイントになると考えられます。子どもからどの程度の発言があるのかを予測し，それらに言葉や表情，視線などで対応しながら，どのタイミングでどのようなことを子どもたちに伝えたらよいのか，具体的に言葉にする練習もしておくといいでしょう。また，絵本の読み聞かせは，子どもが絵本を見ながら，次のページが開かれる時どのような期待感をもっているのか，場面の展開でどのように感情が動いているのかなど，子どもの表情から読み取るように心がけましょう。そうすることで，絵本を介して読

第Ⅱ部　実践編：保育実習で学ぶことって何だろう？

表8-3　指導案「絵本　おおきなかぶ」3歳児

番号	（実習生の学籍番号）		氏名	（実習生の名前）		
2月15日金曜日　11時00分〜11時30分					天気	
配属クラス　ひまわり組（3歳児）　男児8名　女児7名　合計15名					場所	保育室

【子どもの姿】 ・友だち同士2〜3名で平行遊びをしたり，相手を模倣したりして遊ぶ姿が見られる。 ・クラス全体の活動に自分から参加してくるが，自分の遊びを切り上げることに時間がかかる場合もある。 ・保育者ひとり対子ども複数の場面で，自分の考えや感想などを活発に発言する一方で，友だちの発言を聞いたり，友だちが言い終わるのを待ってから自分が発言したりすることはまだ難しい。 ・好きな絵本や紙芝居を繰り返して聞きたがり，セリフなどを一緒に言ってみようとしている。 ・自分の身の周りにある「色」や「数」に興味があり，自分が好きな色，大きさや重さなど数に関することがらについて会話をしたり，遊びの中で使ったりしている。	【ねらい（○）　内容（・）】 ○活動に参加するために，自主的に席に座る。 　・次の活動を楽しみにして，自ら見通しを持って片づけを進めたり席についたりする。 ○手遊びや絵本を，友だちといっしょに楽しむ。 　・隣や周りにいる友だちの歌や発言を聞いたりしぐさを見たりしながら，手遊びや絵本の読み聞かせに参加する。 ○慣れ親しんでいる絵本を見ながら，繰り返される場面の展開や言葉を楽しむ。 　・期待通りに展開される絵本を見ながら，知っているセリフやかけ声を，実習生と一緒に声に出しながら楽しむ。 ○活動の中で，1（保育士）対複数（子ども）の場面におけるコミュニケーションのとり方やふるまい方を知る。 　・保育士や友だちの話を聞いたり，それらを受けて自分が発言したりするなど言葉のやりとりを経験する。
【活動内容の概要】 ①自由遊び後，片づけをして，集まった子どもから手遊び「ちいさなにわ」をしながら，全員が椅子に座るのを待つ。 ②絵本「おおきなかぶ」の読み聞かせを聞く。 ＊登場人物が多く，繰り返しのストーリー展開から，絵本を何度か聞いた後，別の機会に劇ごっこを展開することも可能である。	【環境構成・準備】 ・個別の援助が必要な子どもについては，保育士さんにその場で説明を加えたりしていただくなど，事前に相談をしたうえで，必要ならばその子どもの席を決めておく。 ・「おおきなかぶ」の絵本は布の袋に入れておく。 ・下図の通りに椅子を並べる。向きは，廊下の通行が集中を妨げないように，廊下側の窓を背にする。  ○子ども ●実習生 ◎保育士

時間	生活のプログラム （環境構成も含む）	子どもの動き	保育援助及び留意点
11：00	自由遊びの片づけ	・自由遊びが終わった子どもから集まってくる。	・片づけをするように促しながら，椅子を並べる。 ・早くやってきた子どもや，参加しにくるのに時間がかかりがちな子どもに先に声をかけ，椅子を運んだり並べたり数えたりすることを手伝ってもらう。

第8章 保育所実習のデザインと実際を学ぼう

		・実習生に要領や手順を聞いたり，友だちに手伝ってもらったりしながら，片づける。	・片づけが終わったら椅子に座るように伝える。
			・片づけが終わらない子どもには，近くに行って片づけの手順を具体的に言葉で言う。「この箱に，落ちている積み木を全部拾って並べたら，棚に戻してね。待ってるね。」など。
		・片づけが終わった子どもは，椅子に座って待つ。 ・みんなが揃うのを待ちながら，友だちが片づけている様子を見る。	・片づけに気持ちが向かっている子どもには，友だちの片づけを手伝うように，具体的な役割を示して依頼する。「◆◆ちゃんがおままごとを片づけているから，床に落ちているお手玉を拾ってあげてお手伝いお願いできる？」手伝ってくれた場合は，片づけが終わった時に，手伝ってもらった子どもに言葉をかける。「◇◇ちゃんが手伝ってくれたからあっという間にきれいになったね。◆◆ちゃんよかったね。私も助かったよ。◇◇ちゃん，ありがとう。」
	手遊び♪ 〈ちいさなにわ〉 ①導入		・ほぼ揃ったら，手遊び♪〈ちいさなにわ〉の導入を始める。
		・種が配られるのを，椅子に座って待ち，順に種を受け取る。	・種を手の皿に持ち，子どもたちに少しずつぱらぱらと配る（しぐさ）。「今日はね，小さな小さなお花の種を持ってきたからみんなにも配るね。手のお皿をつくって。そっと入れるから落とさないようにね。」大切そうに子どもの手の皿に入れていく。一人ずつ「はい，●●ちゃんの種ね。」と名前を言いながら配っていく。
			・椅子に座るのが遅れている子どもがいたら，「○○ちゃんの種，私が大切に預かっておくから，早く来てね。」など声をかける。
			・全員に配り終わったら，自分の椅子に座る。自分の手も皿にしたまま，種を持っているようにしておく。
		・実習生の話を聞いたりしぐさを真似たりして，自分の種をそっと握る。	・「種，落としてない？　大丈夫？　じゃあね，この種を大事に植えるよ。まずね，落とさないように，でもつぶれないようにそっと握っててね」と言いながら，自分も実際に手のひらをそっと握って見せる。
	②手遊び－1	・実習生のしぐさを真似ながら，手遊びをする。	～♪〈ちいさなにわ〉～ 「ちいさなにわを　よくたがやして　ちいさなたねを　まきました。ぐんぐんのびてはるになって　ちいさなはなが　さきました。ポッ」 　子どもたちと目を合わせながら，しぐさをして歌う。

95

	③手遊び-2		・遅れて途中から来た子どもがいたら，その子どもと目を合わせながら歌い，その場に入りやすいようにする。歌が終わったら「○○ちゃんの種，預かってたよ。お皿つくって。」と言って渡す。 ・全員が揃ったらもう一度歌う。 ・「15人みんな揃ったから，もう一度，きれいな花を咲かせようか。」
		・実習生の話を聞き，自分の花の色を考えて発言したり，友だちの発言を聞いたりする。	・咲いた花の色を尋ねる。最後の花が「ぽっ」と咲いた後，そのままのしぐさで自分の花を見ながら「何色の花が咲いた？　私はピンク色の花が咲きました。」 ・子どもの発言を聞く。「▲▲ちゃんは青い花ね。□□ちゃんと同じだね。」など，子どもの名前を言いながら，子どもの言葉を取り上げる。 ・「みんなきれいな色の花が咲いたね。」
		・大きな種を受け取る。	・「じゃあ，今度は大きな種を植えるよ。どんな花が咲くかなー。大きな種は，ひとつずつ渡すね。」 ・大きな種を，子どもたち一人ひとりの名前を言いながら，大きな種を指で掴んで渡すようなしぐさでひとりずつに配る。「大きな種，落とさないようにしっかり握っててね。」
	④手遊び-3	・実習生にならって，大きなしぐさで手遊びをする。	〜♪〈おおきなにわ〉〜 「おおきなにわを　よくたがやして　おおきなたねを　まきました。ぐんぐんのびてはるになって　おおきなはなが　さきました。ボッ」 大きなしぐさをしながら歌う。
		・自分の花のにおいをかいだり，今度は何色の花が咲いたか，それぞれ発言したりする。	・歌い終わると，自分の花のにおいをかぐ。「あ〜いいにおい。」 ・子どもたちが自分の花のにおいをかいだり，自分の花について発言したりするのを少し待つ。 ・「おおきなきれいな花がたくさん咲いたね。」
		・実習生と同じように土を叩いて固めるなどして，自分の花を植える。	・「じゃあね，せっかく咲いたこの花が枯れないように，土にしっかり植えようね。」花を自分の前の床に植えて，土を固めるしぐさをする。
		・実習生の話を聞いて，絵本を楽しみに椅子に座る。	・「きれいにしっかり植えられたね。じゃあ今日はね，楽しい絵本を1冊持ってきたよ。お花を植えた人は自分の椅子に戻ってね。」手の土を払うしぐさをしながら，子どもた

第8章　保育所実習のデザインと実際を学ぼう

時刻	活動	子どもの活動	実習生の援助・配慮
			ちが椅子に戻るのを待つ。 ・絵本が入った布袋を大切そうにもって、自分の椅子に座る。
		・実習生の前の，絵本が見えやすいところに座る。	・子どもの様子を見ながら，布袋に耳をあてたり，なかをそっとのぞいたりしながら「なんだか楽しい仲間がたくさんいるみたい。出していい？　見えにくい人は，ここ（実習生の前）に座ってもいいよ。」端の方の子どもに前の床に座るように促し，自分から来ない子どもには個別に声をかける。 ・子どもたちの顔を見ながら絵本を取り出し，表紙を見せる。
	絵本「おおきなかぶ」	・絵本「おおきなかぶ」を見る。かぶを引っ張る場面で，いっしょにかけ声をかけるなどする。	・「おおきなかぶ。……（絵本を読む）」子どもたちの表情を見ながら，ゆっくりと読み進める。「うんとこしょ。どっこいしょ。」の場面の度に，少し間をとり，いつも同じタイミングでリズミカルに読む。子どもと目を合わせ，子どもが一緒にかけ声をかけられるようにする。 ・「……。おしまい。」読み終わると絵本を閉じ，表紙を子どもに向け，裏表紙も開いて絵が１面に続いている様子を見せる。 ・子どもたちの発言を聞いたり，表情を見たりして，余韻を残して絵本を閉じ，袋にしまう。
	（劇ごっこに展開する計画がある場合） 劇ごっこの提案を聞く	・思い出して，登場人物が誰であったかを言う。	・劇ごっこの話をする。 ・登場人物について質問をする。「みーんなでかぶを引っ張って楽しかったね。いろんな仲間が出てきたね。誰がいたっけ？」指を広げて，子どもの発言を受け取りながら「おじいさんね，それから……」と，指で数を示していく。全部出揃うと，もう一度指を折りながら登場人物の確認をする。「みんなで力を合わせるんだもんね。明日はね，ひまわり組のみーんなで，力を合わせてかぶを引っ張る劇ごっこをしようと思います。だからね，おじいさんとか，ねずみとか，何になりたいか考えてきてね。
11：30	椅子の片づけ	・椅子を片づけて，食事の準備に向かう。	・食事に促す。「じゃあ，今日の絵本はおしまい。おなかすいたね。みんな自分の椅子を片づけて，お食事の準備をしてください。椅子の持ち方はどうだったかな。」 ・子どもの発言を聞きながら，正しい持ち方のモデルを示して自分も椅子を片づける。

み手と聞き手が一体となり，読み聞かせの活動の意義が深まるとともに，実習生と子どもの関係が育つ貴重な機会にもなります。そのために，実践の場では絵本の文字を追う必要がないくらいにしっかりと読む練習をしておきます。

　クラスに個人的な配慮が必要な子どもがいる場合は，計画の段階でクラス担任の保育士さんに相談し，その子どもの特性と今の状況，クラスで考えられている個別の配慮についても尋ね，指導をいただいたうえで実習指導案を完成させましょう。子どもの特性を理解し，椅子の向きや場所，誰の隣に座るか，どのタイミングで参加することが望ましいかなど，具体的な援助方法を考えます。実習生の事前の準備や心構え，環境構成の配慮などが，その子どもの活動に向かう意欲を支え，経験を広げることにつながっていきます。

（3）「体育遊び」の実習指導案（5歳児）と解説（表8-4参照）

　この実習指導案は，運動会後の子どもたちの興味・関心に沿って，この時期の子どもの発達段階をふまえ，さらに「5領域」の視点をもって立てられています。5領域の内容が総合的に展開されることによって，その活動が子どもたちの成長発達を多面的に促し，より意義深いものとなります。「健康・人間関係・環境・言葉・表現」の各領域が，この実習指導案にどのように含まれているのか，ぜひ考察してみてください。

　また，活動のなかで子どもに説明をする場面がありますが，どのようなタイミング・言葉・テンポで伝えるとよいか，事前に考えます。たとえばこの実習指導案では，ねらいに沿って，子どもが自分の身体により注目できるように身体の部位名を具体的に言うように努めています。そして特にこのような体育遊びの場合は，説明をするために活動が度々中断してしまうと，遊びの楽しさを損ねたり，必要な運動量が保障できなかったりします。そのため，できるだけ流れを止めないような工夫も大切です。また子どもたちが，言葉による説明だけで理解できる場合と，実習生がモデルを示すなどの視覚的な提示が必要な場合があります。実際の場面で必要に応じて進められるように，心積もりをしておきましょう。そして，活動を進める手順や伝えたい内容をしっかりと自分のものにしておくことで，子どもたちの活動の様子を見ることができ，子どもの反応や様子に配慮しながら実践場面で対応することが可能となります。

　子どもは，何かを直接的に教えられたり練習したりすることではなく，遊びや生活のなかの多様な経験を通してたくさんのことを学びます。たとえばこの実習指導案では，クラスの仲間と体育遊びのなかで，数を数えたり，自分と友だちとの間の空間や順列を意識したり，俊敏性や調整力を含めた自分の身体そのものに注目しながら，さ

表8-4 指導案「体育遊び」5歳児

番号	(実習生の学籍番号)	氏名	(実習生の名前)		
10月20日火曜日　　10時00分〜10時45分				天気	
配属クラス　　すみれ組（5歳児）　男児10名　女児10名　合計20名				場所	遊戯室

【子どもの姿】	【ねらい（○）　内容（・）】
・運動会を終え，クラス単位の仲間意識をもって過ごしている。 ・遊びや生活のなかで数えたりグループに分けたりなど，数に興味を示したり，数を使ったりする機会が増えている。 ・リレー・かけっこ・鬼ごっこなどで速さを意識して走るなど，身体を動かす遊びを好んでしている。また，一緒に遊ぶ人数が増えてきている。 ・順番やルールで課題がある場合に自分たちで解決できないことがあったり，その遊びの楽しさがわかる前に飽きて抜ける子どももいる。	○身体を動かすことを楽しむ。 　・遊びのなかで俊敏さや速さを意識して身体を動かすことで楽しさを感じる。 ○歩きながら自分の身体・部位に注目する。 　・実習生の言葉に従った歩き方をすることで，自分の身体や部位名，それぞれの動きに注目する。 ○遊びのなかで，友だちと協力したり一緒に考えたりすることを経験する。 　・友だちに働きかけたり友だちの考えを聞いたり，役割分担をしたりしながら，同じ目的をもって遊びを進める。 ○クラスという単位や人数に注目したり，仲間意識を感じたりする。 　・クラスの人数を知ったり数えたりする。 ○視覚，聴覚を使って数が示されることに興味をもつ。 　・さまざまな方法で示される数に興味をもつ。 ○ルールを守って遊ぶことを楽しむ。 　・ルールを理解し，どのようにすることがより楽しめるかを工夫する。
【活動内容の概要】―体育遊び― ①先頭交代の歩き ②「仲間集め」 　実習生が手を叩くと好きなところを自由に走り，手をあげると止まる。そして示した数（○人組と言葉で言う，指で示す，手を叩く数）の友だちと輪になって手をつなぎ，その場にしゃがむ。 ③「ずるいきつね」 　輪になって座り，目をつぶる。オニは輪の周りを1周歩く間に，ずるいきつねを1人決めてそっと背中を触る。オニが元の場所に戻り「いいよ」と合図をする。みんなは「ずるいきつねはどこ？ずるいきつねはどこ？」と2回声を揃えて聞き，ずるいきつねは手をあげて「ここ！」と言ってみんなを追いかける。つかまった人が次のオニになる。	【環境構成・準備】 ・遊戯室の窓を開けて換気をよくしておく。 ・出席人数を確認しておく。

時間	生活のプログラム （環境構成も含む）	子どもの動き	保育援助及び留意点
10:00	自由遊びの片づけ	・自由遊びが終わり，片づけが終わった子どもから遊戯室に集	・片づけが終わったら遊戯室へ移動することを伝える。 ・次の行動に時間がかかりがちな子どもには，

時刻	活動	予想される子どもの姿	実習生の援助と留意点
		まる。	10：00少し前に，楽しい遊びをしたいので早めに片づけて来てほしいと伝えておく。
	遊戯室に移動 全員が揃うまで「歩き」の遊びをしながら待つ。	・1番に来た子を先頭に，遊戯室内をうねり歩き。実習生の合図で，先頭の子が最後尾について先頭を交代する。 ――先頭から最後尾への移動がわかりにくい子どもに，子ども同士で教え合う。	・初めの数名が来た時点で歩き方を伝え，あとは次々に来る子どもに言葉や列を手で指し示すことで伝える。 ・遊戯室いっぱいを使って歩くように，先頭の子どもに声をかける。 ・前の人を触らずに歩くことを伝え，きれいに歩くことができている子どもをほめるなどして他の子どもも意識できるようにする。「○○ちゃんは背中がまっすぐできれいだね。」「○○ちゃんみたいに前の人と遠すぎないように，でも近くてぶつかったり触ったりしないように歩けるといいね。」など。
10：10	集団遊び① 「仲間集め」	・歩きながら実習生の説明を聞く。 ・合図に注目して動く練習をする。 ――実習生の合図で走り出し，遊びを始める。 ――繰り返すうちに，よく注意をして実習生に注目するなどして，徐々に早くできるようになる。 ・仲間集めのルールを聞く。 ――合図に注目して，急いで友だちを呼んだり人数を数えたりして仲間集めをする。	・全員が先頭を経験できるように，人数が増えてきたら早めに先頭を交代する。 ・全員が先頭を経験したところでルールの説明をする。「次は私が手を叩いたら好きなところをそれぞれ走ってね。そして右手をあげたらその場ですぐに止まってしゃがんでね。」 ・「しゃがむ」姿勢を実際にやってみて確認する。 ・合図をよく見ること，急いでしゃがむことを伝える。「○○ちゃん早かったね。右手をあげたらすぐに急ブレーキをかけて止まったね。」「急に止まる時は身体のどこに力が入る？」など。 ・走る時はぶつからないように気をつけることや，空間を広く使って走ること，また腕を振ってしっかり走るように声をかける。 ・合図での動きが定着するまで，何度か繰り返す。 ・遊びの楽しさが浸透してきたら，止まっている時に次のルールを説明する。「次は，止まる時に何人組と言うから，その数のお友だちで集まって手をつないで丸くなってしゃがむよ。」 ・走り始めと止まりの合図を出し，「2人組」と言葉でいう。 ・「次は言葉では言わないよ。何人組かは指で教えたり手を叩いて教えたりするから，その数のお友だちで集まってね。」 　2（指）―4（指）―5（手たたき）―10（指）の数をそれぞれの方法で示す。仲間を見つけられない子どもや，人数が揃わないグループが急いで仲間を見つけられるように手伝

第8章　保育所実習のデザインと実際を学ぼう

時刻	活動		子どもの姿	実習生の援助と配慮
				ったり，どうすればよいか子どもに考えるように促したりして，テンポよく進める。 ・走る速度が遅くなると，「バイクくらい速く（新幹線・飛行機・ロケットなど）」など，イメージがわくようにたとえて言う。 ・集まった後，手が離れていたりお尻をついて座っている子どもがいたら，指示通りにできているグループをほめて，自ら気づくように促す。
			——急いで集まり，人数を数える。	・最後に「20人組（欠席者がいる場合は出席人数）」と言葉で示し，集まったら本当に20人組になっているか確かめるように伝える。子どもたちの様子を見てアイデアが出てこない時は，数える手順，みんなで声に出すなど，必要な援助をする。 ・方法が定まると，みんなで20まで数える。欠席者がいる場合は，いない子どもも数えたら20人になることを伝える。……「18，あと○○ちゃんで19，△△ちゃんで20，すみれ組全部で20人ね。」
10：20	集団遊び② 「ずるいきつね」		・次の遊びの説明を聞く。 ・オニきめをする。 ——立ってこぶしを差し出しオニきめに参加する。	・全員できれいな輪になるように伝えその場に座るように促す。「ずるいきつね」のルールを説明する。 ・立つように伝え，最初のオニをきめる。 　♪オエビスダイコク（わらべうた）で決めて遊び始める。 ・誰がずるいきつねなのかがわからないスリルを楽しめるように，初めは実習生も遊びに入って俊敏に逃げたり立ち上がって追いかけたりする。 ・オニになりたいためあまり逃げない子どもがいたら，「ずるいきつねは速く走る獲物を狙うのよ。」と言って，走って逃げるようにすすめる。
			——ずるいききつねに誰かがつかまったら，また元の輪に戻って遊びを続ける。	・素早くつかまえることができた時は，なぜそうできたのかを言葉にして認める。「"ここ！"と言ってすぐ追いかけたから，逃げる暇がなかったね。」など。 ・時間と子どもの様子を見て，オニ交代をした時点で「今日は○○ちゃんのオニで最後ね。」と伝え，最後の1クールを遊ぶ。 ・まだ遊び足りなさそうだったら，続きは午後から戸外で遊ぼうと話す。 ・最後につかまった子どもを先頭に，1列で歩くように言う。

時間	活動	子どもの姿	保育士の援助と配慮
10：35	歩き	・歩きで呼吸を整える ・さまざまな歩き方をしながら，部位名を確認したり自分の身体に注目したりする。	・遊戯室を大きく回って歩きながら，つま先歩き・かかと歩き・大股歩き・小股歩きと言って，いろいろな歩き方をする。 ・それぞれの歩き方の時に，より自分の身体を意識するような言葉かけを，全員からよく見える位置に移動しながら行う。部位名を言う時は，その場所がどこかの説明も加える。 つま先歩き：つま先に力を入れて背骨をぴんと伸ばしてできるだけ背を高くして。 かかと歩き：かかとだけしか床につかないように，ふくらはぎにしっかりと力を入れて。 小股歩き：赤ちゃんくらい小さな歩幅で，そっと足音がしないように。 大股歩き：一歩でできるだけ遠くに行けるように，太ももに力を入れて足をしっかりと伸ばして。 ・最後に普通に歩き，しばらくして止まるように言う。
10：40 10：45	保育室に戻る	・自分は何のジュースか決めて飲むつもりを楽しむ。 ・静かに歩いて保育室に戻る。	・「たくさん遊んだから，自分のコップに好きなジュースを注いでいいよ。私はぶどうジュースにしよう。」と言って，左手を筒にして右手でジュースを注ぎ飲むしぐさをする。 ・「じゃあ続きはお部屋で飲もう。」と言い，こぼれないように歩いて保育室に戻るように促す。 ・保育室に戻ったら，手洗いとうがいをするように伝える。

まざまなことを経験しています。仲間と一緒に遊ぶなかで，楽しいと感じたり頑張ろうと励んだり負けて悔しかったりという感情をともないながらの経験の積み重ねは，子どもの成長発達にとって大きな意義をもちます。ですから，保育士は，それぞれの活動がより充実したものとなるように，子どもの動きや反応を予測しながら，どのような準備をし，どこに立ち，どのような姿勢で，どのような言葉をつかい，子どものどこに注目しながら進めていくかについて，細かく計画を立てましょう。

（4）実習計画を振り返り次の活動に向けての計画を立てる

① 振り返りの意義と方法

　作成した実習指導案が実践の場ではどうであったか，うまくいった時もいかなかっ

第8章 保育所実習のデザインと実際を学ぼう

た時も，その理由を考察し次の計画や実践に活かすことができるように取り組みましょう。実際に指導計画に沿って保育を担当してみると，活動の途中で子どもの集中が途切れて予定通りに進められなかったということもあるでしょう。それらの実践の振り返りは，子どもは何ができて何ができなかったというような表面的な評価ではなく，「子どもを理解できていたか」と「実習生の指導（援助）は適切であったか」という2つの視点に基づくことが必要です。つまり，子どもの発達に応じ，興味関心に沿ったねらいや活動内容の設定となっていたか，そして，そのねらいを達成するためにふさわしい環境構成や具体的な援助ができていたかを実際の子どもの姿から振り返るということです。実習は期間も限られているので，振り返って考察した結果を活かし，再度実践をする機会をもつことができない場合もあります。でも，貴重な時間と場面を実習生のために提供していただいたことに感謝し，違う場面や次の保育実習で再挑戦するなど，自分自身の学びのために誠実に向き合う姿勢をもって臨みましょう。

② 体育遊びの振り返り

では，実習指導案の例を示した5歳児の体育遊びの実践後の振り返りと，その後の取り組みの一例を紹介します（表8-5）。

表8-5 「5歳児の体育遊び」の振り返り

	活動における子どもの姿	考えられる要因	今後に向けて
歩き（うねり）	①保育室から遊戯室への移動の時間に個人差があったため，はじめの「歩き」の時間が長くなったが，列が乱れることなく最後まで続けられた。②どこに入るかがわからない子どもには，友だちが教えていた。	①数が増えてくると先頭交代のタイミングを早めにしたが，交代すること自体を楽しめていた。②列が長くなっていくことをうれしく感じるなど，たくさんの友だちと一緒に活動することに主体的に向かうことができていた。	①②戸外での自由遊びで，「歩き」を「走り」にしたり，実習生ではなく子どもが合図を出す役をしたりするなど，バリエーションを考えて提案する。
仲間集め	③仲間の「数」を示しても，いつまでも走る子どもがいた。④集まってしゃがむ時に，しりもちをついたり，ついお尻をついてしゃがんだりする子どもが多く，早く集まることや何人か数えることよりもお尻をつかないことに互いに声を掛け合っていた。	③ルールの理解ができていないのではなく，子どもの人数や遊戯室の広さから考えて見えにくかったり聞こえにくかったりしていた。④手をつないだまましゃがむという動き自体が難しい子どももいるが，実習生がそこにばかり注目して，注意をするような言葉が多くなっていた。	③視覚的合図は遊戯室の中心など子どもたちから見えやすい場所で，手叩きの合図はタンバリンを使ってよく聞こえるようにする。④遊びを始める前に，まず練習をして，子どもたちがお尻をつけないように気をつけて意識できるようにする。

103

仲間集め	⑤最後に数えて20人になった時に歓声を上げた子どもが数名いた。	⑤20人数えることができたことや、みんなで集まったということが喜びになった。	⑤年長児のこの時期は、クラス全員で集まったり活動をしたりすることが喜びとなることがわかった。体育遊び以外にも共同で製作や劇遊びをするなどの活動も考えられる。
ずるいキツネ	⑥キツネになった子どもが、すぐに追いかけてはいるものの誰かを捕まえることに時間がかかり、テンポよくオニ交代ができなかった。 ⑦「これで最後」と言った時に、「えー！」とがっかりしていた。	⑥キツネになったことがうれしくて、わざと捕まえようとしなかったり、逃げる子どもは捕まえられたくて、キツネに自分から近づいたりしていた。 ⑦仲の良い子ども同士でキツネを選び合ったりしたこともあり、オニにもキツネにもなっていないままの子どもが多かった。	⑥⑦戸外でも繰り返し遊ぶ。そうすることで、一生懸命速く走ったり、方向転換して逃げたり追いかけたりという、オニごっこ本来の楽しさがこの遊びのなかで経験できる。また、自由遊びではもっと少人数のこともあるので、どの子どももオニやキツネになることができる。
歩き（呼吸）	⑧どの歩き方をしても、あまり自分の身体に注目ができない子どもがいた。	⑧「ずるいキツネ」の遊びで不満足なまま終わったため、気持ちが次に向かうことができなかったのではないか。	⑧上記⑥⑦の通り、遊びそのものに満足できるように進めるとともに、計画の段階で全体のバランスや流れを十分に考慮する必要がある。
全体を通して	一つひとつの遊びについては、子どもたちは内容を理解しながら、お互いに教えたり声をかけ合ったりする姿も見られ、概ね主体的に取り組んでいたと感じた。今回は、数日天候が悪く戸外で思いきり遊ぶことができていないこともあり、身体を十分に使って動くことができる体育遊びを計画していたのでよかった。しかし全体を通しての運動量や所要時間の長さを考えると、時間帯や子どもたちの体調、気候なども考慮しながら計画をすることが必要だと感じた。また、今回の体育遊び全体のなかで主なる活動と考えていたのが、「ずるいキツネ」の集団遊びである。子どもたち一人ひとりが集中して参加し、しっかりと遊びこむことができるようにと計画していたが、実際には時間の関係もあり不満足な形で終わってしまった。それでも実際には、予定よりも約10分長くなってしまった。次の活動や生活に支障がないよう、与えられた時間をどのように配分して内容を考えていくかが今後の課題である。 　また、子どもを個別に見た場合、たとえば「仲間集め」の遊びで友だちにいつも誘われて仲間をつくる子どもや、仲間を見つけられずに最後まで残りがちな子どもなど、個人的に援助が必要な子どもへの配慮ができなかった。これは、全体を進めていくのに精いっぱいであったり、自分から発言したり質問したりしてくる子どもへの対応に追われていたからである。本当に援助や個人的な関わりが必要な子どもがどの子どもなのかを、事前に予測を立てたり実践の場面で注意深く見たりする必要がある。この点については、今回の活動だけでなく日常の遊びや生活のなかでも共通している課題と捉え、今後の学びに活かしていきたい。		

4．保護者や地域の子育て支援における相談と対応を学ぶ

（1）保護者の子育て支援

　保護者に対しては、「子どもの最善の利益」を目指し、保育所の特性を活かして保護者の養育力の向上に資するように支援を行います。入所している子どもの保護者への支援では、具体的に、①保育所と家庭との連絡帳や園だより、②送迎時のコミュニ

ケーション，③保育参加など，さまざまな機会を捉えて保護者との関わりの実際に触れ，その役割について理解します。保護者が抱える課題には，大きく分けると，①保護者の仕事と子育ての両立等，②障害や発達上の課題のある子どもの保護者，③育児不安等をもつ保護者，④不適切な養育等が疑われる保護者，の4点があります。

　では，保護者から発達上の相談を受けたらどのように対応すればよいでしょうか。保護者の悩みを受け止め，助言を行い保護者の養育力の向上につなげる方法について事例から考えてみましょう。

事例　子どもの言葉の発達が気になる親への支援

　親子遠足で動物園に行くと，3歳5か月のA君は「キイン（きりん）さんいたよ～」「オタル（おさる）さんがいっぱいだねえ」と父親に話しかけていました。父親はA君の舌足らずなしゃべり方が気になって仕方がない様子。父親は保育士に「お友だちはちゃんと話せるのに，まだ赤ちゃん言葉がひどい。大丈夫なのでしょうか」と不安げに尋ねてきました。これに対し，保育士は，「確かに，おさるさんのところで，おたるさんがと言っていましたね」と気づきを共有したうえで，「5歳前までは，サシスセソやラリルレロの音がはっきりしないことはよくあることです。きのうは『とうタンと動物園に行く！』と3語文ではしゃいでいましたよ。言語の発達はまったく心配ないと思います。これからも，親子の間でもたくさんお話をして，お話をすることが楽しいという思いを育ててください」という保育士の言葉で，父親も笑顔になりました。

　このように，保育士は保護者から発達上の相談を受けたら，まずは保護者の悩みを受け止め，専門的知見や保育士の体験に基づく助言を行うことで保護者の養育力の向上につなげることが大切です。実習中に保護者から直接相談される機会はほとんどないかもしれませんが，もし保護者から相談や質問を受けた場合は，保育士につないでください。

（2）地域の子育て支援と他の専門機関との連携を学ぶ

　保育所では，本来の目的である保育に支障のない限り，地域の子育て家庭に対して支援を行うことになっています（児童福祉法第48条の3）。地域の子育て家庭への支援は，保育所が地域の子育て拠点として，園庭開放や一時預かり事業などが広く行われています。精神疾患，虐待や家庭内暴力など深刻な問題が疑われる場合は，臨床心理士等の専門的知識を有する相談員や病院，児童相談所，保健センター等の専門機関への紹介と連携が求められます。地域子育て支援の場は，医療機関や専門機関に比べて来所しやすく，支援を受ける最初のきっかけとなりやすいようです。実習では，この

ような地域の子育て拠点としての機能と役割について他の専門機関との連携にも目を向け，考えを深めていきましょう。

チェックシート

	項　　目	チェック
1	保育所を利用する子どもの姿について理解できましたか。	
2	保育所を利用する子どもたちの1日の生活の流れについて理解できましたか。	
3	保育所実習Ⅰと保育所実習Ⅱでの学びの違いについて理解できましたか。	
4	実習指導案の例と解説を読んで，作成ポイントについて理解できましたか。	
5	部分実習の振り返りの意義と方法について理解できましたか。	
6	地域の子育て支援活動における保育所の機能と役割について理解できましたか。	

参考文献

増田まゆみ・柴崎正行・小櫃智子『保育所実習指導と保育士のキャリアアップ──保育所と養成校の協働による実習指導ガイドラインの作成　保育所実習指導ガイドライン「理論編」』こども未来財団，2010年。

小田豊・吉田ゆり・若本純子・丹羽さがの『保育相談支援』光生館，2012年。

阿部和子・増田まゆみ・小櫃智子（編）『保育実習（第2版）』ミネルヴァ書房，2014年。

久富陽子（編著）『学びつづける保育者をめざす実習の本──保育所・施設・幼稚園』萌文書林，2014年。

新保育士養成講座編纂委員会『保育実習（改訂版）』全国社会福祉協議会，2015年。

保育をひらく扉⑧
小さな手から大きな輪へ――実習生の保育所実習での体験談より

　２歳児クラスに入って２日目の朝，Ｒ君が一緒に遊ぼうと私のところに寄ってきました。すると，Ｍちゃんも寄ってきて私の手を握って引っ張りました。どちらも実習生と遊びたいという気持ちが強く，「んー！」「ダメー！」と言い合って私の手の引っ張り合いになりました。しかめっ面をした２人に両手を交互に引っ張られていた私は，その状態でどうしたらいいかわからず，思わず「あぁ〜あぁ〜！　ギッコンバッタンギッコンバッタン♪」と言って，笑いながらその状況をごまかしていました。すると，子どもたちにはそれがおもしろかったのか，さっきまで私をとり合っていた２人が，私の手を押したり引いたりしながら「ギッコンバッタン♪」と言ってケラケラ笑い，この状況を遊びに変え一緒に楽しむようになりました。さっきまでは"手の引っ張り合い"で対抗していた２人が，３人で仲良く手をつないだ"触れ合い遊び"へと変化していました。私は，せっかく楽しい遊びになったのだから，もっと楽しく広げてみようと思い，あのフレーズの後に「とんでいけ〜！」と付け加え，同時に２人の手を離してみました。すると，手を離された２人はよろけながらさらに喜び，もう一度手をつなぎ直して「ギッコンバッタンギッコンバッタンとんでいけ〜！」と繰り返し楽しんでいました。しばらくした後もその２人が再び「ギッコンバッタンしよー！」とニコニコしながら私のところにやって来たので「やろ〜！　やろ〜！」と返事をして３人でギッコンバッタンを始めました。その時，近くにいた２〜３人の子どもたちが不思議そうな表情で近寄って来たので，私は立ち上がって手をつなぎ直し，「お〜きくな〜れ〜♪　ち〜さくな〜れ〜♪」と声を合わせながら，また新しい遊びが始まりました。すると，楽しそうな様子を見て，近くにいた子どもたちも自然と輪のなかに加わり，10人くらいの大きな輪になっていました。大きな輪になって遊んだ後は，先生のお片づけの声が聞こえ，小さな手でできた大きな輪は解散となってしまいました。

＊　＊　＊

　これは，ある実習生の体験談です。Ｒ君とＭちゃんが，実習生の手を引っ張り合った時「ギッコンバッタン」と効果音をつけたことがきっかけで，子どもたちの負の感情が正の感情に切り換えられ，新たな遊びにつながりました。このように，自分自身で楽しさやおもしろさに気づいたり，何かをきっかけにして負の感情を正の感情に切り換えられるようにした，さりげない保育士の関わりや援助が大切になります。

第9章
施設実習の準備と実際を学ぼう

学びのポイント
・施設実習の意義と目的を理解しよう。
・施設実習での支援の方法を理解しよう。
・多様な実習施設の実習内容をデイリープログラムを通して知ろう。

　保育実習Ⅰ・Ⅲ（施設実習）は，保育所・幼保連携型認定こども園・小規模保育事業所を除く児童福祉施設，ならびに成人の障害者支援施設などで行われます。この章では，施設実習の意義を確認し，子ども・利用者に対する支援のあり方を学びます。
　そして，実際に施設実習を通して，施設保育士として求められる専門知識や保育（養護）技術を実践的に学ぶとともに，自分の保育士としての資質・適性を高め，より高い人権意識や職業倫理も身につけていきましょう。

1. 施設実習（保育実習Ⅰ・Ⅲ）の意義と準備

　第6章で学んだように，厚生労働省が定めた「保育実習実施基準」により，施設実習が可能な福祉施設が定められています。その施設種別は乳児院，母子生活支援施設，児童厚生施設，児童養護施設，障害児入所施設，児童発達支援センター，児童心理治療施設（情緒障害児短期治療施設）と，加えて成人の障害者支援施設などです。

(1) 保育実習Ⅰと保育実習Ⅲのつながり

　保育実習Ⅰ（必修）と保育実習Ⅲ（選択必修）の施設実習の学びの内容と違いを以下に示します。保育実習Ⅰでは，以下のポイントを中心に学びます。

・実習先施設の種別，目的，機能の理解
・子ども，利用者の理解と支援方法
・施設保育士の役割
・支援についての計画作成，実践，記録，評価の方法
・職員間の役割分担とチームワーク
・利用者の安全確保及び疾病の理解

・利用者の人権擁護と職業倫理

保育実習Ⅲでは,保育実習Ⅰの実習内容を発展させ,以下の学びを加えます。

・利用者の個別(ケース)支援の方法と保育技術
・保護者／家族からの相談内容と保護者支援の方法
・地域社会等の資源を把握し,他職種との連携方法

　施設実習に行く際,実習生は内心では,大きな不安感や困惑感あるいは拒否感を抱く場合もよくあります。しかし,施設実習の体験を通して,子どもの福祉における保育士の役割の重要性を知り,施設保育士へと進路を変える人も少なくありません。施設実習についての事前学習をしっかりとして,不安を取り除く努力が必要です。そのうえで,自分なりの目標を立て,主体的に実習に取り組みましょう。

(2) 保育士養成における施設実習の意義

　ここでは,保育士資格取得になぜ施設実習が必要であるかを改めて確認してみましょう。

①児童福祉施設における実習の意義

　保育士には高い専門性と責任があるということを,保育所以外の児童福祉施設における保育士の活躍を実際に見ることで,より明快に理解できます。児童養護施設などでは,保育士は養育者の事情があって家族から離れて生活している子どもを,その家族に代わって,子どもの心と身体の発達を支え,深い信頼や愛着関係を築いています。また,一人ひとりの子どもの自立支援計画を策定し,子どもが18歳になった後も必要な場合は社会的自立への支援を続けるなど,子どもの発達と幸せを全面的に支えていることを実習を通して体験的に知ることができます。

　医療型児童発達支援センターであれば,障害をもった子どもへの養育方法は,保育の専門的知識とともに医療的な専門知識も必要とされます。また,重い障害をもった障害児入所施設であれば,医師など他職種の方たちとともに働きます。生命の危機と向き合う重度障害児(者)も少なくなく,保育士は養護を中心に支援をしながらも医療知識も求められます。重い障害や病気をもった子どもでも,保育士が考える日々の工夫に満ちた遊びや働きかけによって,子どもたちは喜びを得て充足した時間をもつことができます。どのような状況下でも子どもにとっては,人と関わり,遊び,学ぶ

ことが大きな喜びなのです。

　保育士を目指しているみなさんは，実習という実践的学びを通して，色々な状況下にいる子どもや支援者に出会い，子どもの社会的養護の必要性と意義を知ることができるのです。

② 成人の障害者支援施設などでの実習の必要性

　成人の障害者支援施設などにおいては，保育士資格があることは職業的評価にはなりますが，保育士は施設の必須要件職種ではありません。そうであるなら，なぜ障害者支援施設などで保育実習を行うのかという疑問が実習生からよく出されます。

　厚生労働省での定義では，知的障害者は「知的機能の障害が発達期（おおむね18歳まで）にあらわれ，日常生活に支障が生じているため，何らかの特別の援助を必要とする状態にあるもの」と規定されています。障害をもつ原因はいろいろですが，先天的な知的障害以外に，発達期の感染や高い発熱による脳障害，あるいは事故による脳障害などがあります。障害者との出会いによって，子どもの発達期の健康や安全の重要性を実感できるとともに，障害児保育の課題を深めることができます。

　知的障害者が，私たちのもち得ない秀でた能力をしばしばもち，打算や社会的枠にとらわれないがゆえの高い文化芸術的能力を発揮することもあります。また，障害者は強い自我と個性をもって，一生懸命生きていることに気づくはずです。知的障害者支援の体験は，保育士としての子ども観や子どもの支援に広がりと深さを生みだすものです。施設実習を通して，子ども支援，子どもの社会的養護について多角的な視点をもつ保育士として成長し，子どもの保育に反映させることができるのです。

2．施設実習における支援の方法と注意点

　ここでは，簡単に実習施設の子どもあるいは利用者支援のためにその特性を理解し，支援の方法を学びます。

（1）実習施設の子ども・利用者の特性を理解する

① 児童福祉施設の場合

　入所型の児童養護施設において実習をする機会が多いと思います。児童養護施設に入所しているのは，親の死亡や拘留，経済的理由，不適切な養育などにより，社会的養護が必要とされている子どもたちです。2015年に公表された厚生労働省の「児童養護施設入所児童等調査（平成25年2月1日現在）」の調査結果によると入所児の27.0%は両親がおり，59.4%は片親のみであり，子どもたちの86.4%は親がいます。また，

虐待を受けた経験のある児童は59.5％もおり，また障害児の割合は28.5％でした。入所児は心に深い傷を負い，発達の困難を抱えている被虐待児が多いのです。まずはどのような子どもであっても受容し，心に寄り添いながら，子どもと関わりましょう。

また，入所している高校生は11.4％が大学（短大）に進学するにすぎず，実質，教育の機会均等が確保されているとはいいがたい状況です。成績が秀でた子どももいますが，学業の遅れがあるとされる子どもは28.0％います。子どもたちが落ち着いて学ぶ環境を整え，子どもたちの学習力向上の支援をしながら，温かく励ましましょう。

児童福祉施設には機能の異なるさまざまな施設があります。実習施設が決まったら，必ず事前学習（訪問・ボランティアも含む）をして，施設の特徴を理解してから実習に行きましょう。

② 成人の障害者支援施設などの場合

知的障害者福祉法では，第1条の2「自立への努力及び機会の確保」として，第1項において「すべての知的障害者は，その有する能力を活用することにより，進んで社会経済活動に参加するよう努めなければならない」とし，第2項で「すべての知的障害者は，社会を構成する一員として，社会，経済，文化その他あらゆる分野の活動に参加する機会を与えられる」としています。そして，2012年以後，利用者一人ひとりの個別支援計画の策定が義務づけられました。また，社会的自立にむけて，各施設では利用者の障害や必要性の程度に応じて，さまざまな工夫・努力をしています。また，生活介護としての入浴，排泄，食事などの提供，文化，創作活動や，自立支援活動として就労支援が行われています。障害の程度に応じて就労支援も行われ，地域社会で自立した生活ができるよう支援しています。施設側のプログラムの流れのなかで，一人ひとりの利用者の喜びやリズムを大事にしてゆったり対応しましょう。

障害者支援施設などは施設ごとにその就業支援の内容もかなり異なり多様です。実習施設が決まったら，必ず事前学習（訪問・ボランティアも含む）をしてから実習を行うことが大事です。

（2）施設実習の進め方

各実習施設は理念や基本方針に基づいてデイリープログラム，年間プログラム，年間行事などを設定していますが，児童養護施設などでは個別に自立支援計画の策定，障害児入所施設や障害者支援施設などでは個別支援計画の策定が義務づけられ，これらに基づいて支援が展開されます。実習生は子どもや利用者の自立支援計画書や個別支援計画書を見ることはできませんが，日々の支援プログラムの流れを捉えながら，

子どもや利用者との関わりを深め，子どもと利用者の最善の利益を考えながら，支援をすることが大切です。規定の実習期間中にすべてを学ぶことは不可能ですが，以下のようなポイントを考慮して実習を進めてください。

① 子どもや利用者との生活をともに楽しむ

　入所系施設は子どもや利用者にとって日常の生活を営む場です。子どもや利用者の日常生活に寄り添い，会話，学習，作業，余暇などの活動をともに楽しむ心構えで取り組んでください。実習生が活動に積極的に参加してこそ，お互いを知り，親和感，安心感が生まれます。

② 子どもや利用者との信頼関係づくりを

　子どもや利用者の特徴の理解とともに心情や要求（ニーズ），あるいはこだわりなどの把握は信頼関係（ラポール）の形成に不可欠です。実習生から明るく親しみをこめた挨拶や声かけをしてコミュニケーションを図る支援をしてください。言語コミュニケーションが弱い子どもや利用者が少なくありませんが，言語情報に振り回されず，表情や行動観察から，表現の奥にある思いや願いを汲み取ることが必要です。

③ 環境整備・家事業務も誠実に取り組む

　どの施設でも，実習生に施設の環境整備（掃除，片づけ）や家事業務（洗濯，食事準備）を任されます。これらも子どもや利用者の円滑な生活には不可欠です。実習生は，環境整備・家事の技術や方法を学びとりながら，誠心誠意の取り組みをしてください。

④ 実習指導者の指導・助言をあおぐ

　実習生としては，その施設の特性や子どもや利用者の状況を実践的に学ぶことから始め，実習指導者（担当職員）の指導・助言を積極的にあおぎましょう。しかし，実習指導者も多忙なことが多いので，質問はタイミングを考えて試みてください。もし自己で判断することが難しい場面に出くわした場合，すみやかに実習指導者や職員に報告・連絡・相談（ホウ・レン・ソウ）を行います。また，実習での企画や提案なども実習生という立場を十分にふまえて実習指導者と相談してください。

（3）施設実習において特に注意しておきたいこと

① 子どもや利用者の個室には原則入ってはいけない

　施設は子ども一人ひとりのプライベートな生活の場でもあります。子どもが1人になりたい時間や場所があることを理解して支援する必要があります。個室には原則入らないようにしてください。入る時には，実習指導者及び本人の許可が必要です。

② 子どもや利用者の暴力的行為には毅然とした対応を

　厳しい生活体験をしてきた子どもや利用者の心の奥底には，さまざまな記憶や情動が蓄積されています。元気に楽しく生活をしていたかと思うと，ちょっとしたきっかけで不安定になることもあります。また実習生に対する「試し行動」として暴言や暴力をふるう子どもや利用者もよくいます。どの行動も「悪意」ではなく実習生が自分をどこまで受け止めてくれるかを確かめる行動ですので，慈しみの心をもって対応をしてください。しかし，子どもや利用者から不適切な言動や行動が繰り返し続く時は，子どもや利用者としっかり向き合い，やめるようにはっきり注意をしてください。そして，暴力は許されないことだということを言葉で伝えてください。また，子どもや利用者が落ち着くまで距離をとる，行動を見計らって関わるなど，子どもや利用者への対応の工夫をしてください。加えて，実習指導者に必ず報告をし，指示をあおいでください。

　子どもや利用者の一部には，些細なことにも敏感に反応して「かんしゃく」や「パニック」を起こすことがあります。子どもや利用者の特徴を見きわめながら，慌てずに対応し，実習指導者の指導をうけて関わり方の工夫・調整をしてください。

③ 子どもや利用者との関わりの制限

　子どもや利用者に，自分の携帯電話の番号や住所を教えたり，施設以外の場で会う約束をしてはいけません。みなさんは，実習生として，実習指導者の指導のもとに専門的な関わりについて学習している最中です。彼らを個人的に支えるだけの知識や技術，能力はもち得ていないものと理解してください。実習生が行う中途半端な関わりや勝手な判断による対応は，子どもや利用者に過度な期待を生み，結果として，子どもや利用者を失望させ，傷つけることにつながります。

　子どもや利用者から，個人的な関わりや深刻な悩みなどの個人的な相談を受けた場合は，すぐに実習指導者に報告し，対応についてアドバイスを受けてください。実習生としての限界をよく理解して，十分考慮をした自覚ある言動や行動をとるように努めてください。

　子どもや利用者のなかには，実習生を一人占めしたがることがあります。実習生からすると，甘えられたり頼られたりすることは，うれしいことだとは思いますが，このような特定の子どもや利用者とだけ関わっていては，他の子どもや利用者との関わりができませんし，全体としてやるべき実習業務が滞ります。「この仕事が終わったら，また遊べるよ」とか「○○さんも一緒に遊びたがっているから，一緒にね」など，きちんと説明して，実習上必要な行動をとるようにしましょう。

④ 施設側の問題を見つけた場合

　仮に，施設設備や職員，サービス内容などに関する問題が感じられたとしても，実習施設を一方的に批判することは厳に慎みましょう。どの施設も，現実には限られた条件のもと，それぞれの方針に基づく運営上の工夫を図っているのです。実習生としては，「現場から何を学ぶか」「自分がいかに成長できるか」ということを常に念頭におき，何よりも子どもや利用者との真摯な関わりをしてください。しかし，子どもや利用者の人権侵害の実態を見つけた場合は，すみやかに施設長に報告・相談するか，養成校の実習指導の教員に連絡・相談をして対策を相談してください。

3．施設概要とデイリープログラム

　デイリープログラムとは，その年齢，月齢，あるいは障害の特徴をふまえて，基本的生活（食事，排泄，睡眠，休息など）を軸として，生活の流れの時間的位置づけをしたもので，日々繰り返される生活の基盤となるものです。健康的で安定した生活を送ることによって情緒が安定し，積極的に遊び，学び，活動できるようになっていきます。以下に保育実習の対象になる福祉施設とその概要，デイリープログラムを記載します。

（1）児童発達支援センター（福祉型／医療型）

　児童発達支援センター（福祉型／医療型）は，障害をもつ子どもに，日常生活動作（ADL）などの生活支援，集団生活への適応や将来の自立に向けた訓練を行う通所系の施設です。一人ひとりに即した自立支援計画を作成し，子どもの障害特性に応じた発達支援や家族支援を行います。利用者の多くは，知的な発達の遅れや発達に偏りのある3歳から5歳までの幼児で，日々保育士が児童指導員，言語聴覚士，作業療法士，理学療法士など他の専門職種の支援者と連携して，一人ひとりの幼児の支援を行っています。

　子どもだけでプログラムに参加する単独通園や親子でプログラムに参加し保護者も訓練方法や介助方法を学ぶ親子通園の形態をとるケースもあります。重度の子どもの場合は，多職種のチームを組んで在宅訪問介護支援をすることもあります。利用する子どもの多くは，保育所・幼稚園・学校等へ通っています。障害をもつ子どもへの療育だけでなく，保護者への相談支援や子どもが通っている保育所・幼稚園・学校等からの相談に応じたりすることも重要な役割です。

　医療型児童発達支援センターは，福祉型に加えて医療専門職が配置され，病院とし

て提供される医療サービスが加わります。以前は障害種別ごとに分かれていましたが，複数の障害に対応できるよう2012年度より一元化が行われたものです。ただし，これまでと同様に障害の特性に応じたサービス提供も行います。

〈デイリープログラム（例）〉

時間	流れ	実習生の動き
8：30	朝礼 清掃，保育準備 スタッフ会議	・職員に元気に挨拶し，実習の準備を行う。 ・1日の行事，保育の計画・目標等を確認する。 ・玄関・園庭の掃除をする。 ・ホール・教室・トイレ等の施設内の整備や設定，遊具等の名前や実物を確認し，安全点検を行う。
10：00	登園 身支度・排泄等 自由遊び	・バス登園の子どもを迎え，子どもたちに挨拶をし，子どもの朝の様子を確認（健康状態の視診）する。子どもたちを教室に誘導し，靴を脱ぐ，靴を靴箱に片づける等，行動の確認と必要な支援を行う。 ・目の悪い子どもには，視覚支援，手つなぎなどの必要な支援を行う。 ・荷物を置き，身支度を整えたら，排泄を促し，排泄支援を行い，手洗い・手拭き等の確認と支援を行う。 ・連絡帳のチェックを行い，保護者からの連絡状況を把握する。 ・自由遊びでは，子どもと一緒に遊びながら，子どもの行動や会話から子どもの精神状態，身体状態，生活状態を把握する。
10：50	朝の会 主活動	・朝の会に参加し1日の目標を確認する。 ・午前の主活動を確認する。個別支援が必要な子どもを把握し，個別支援計画の確認をする。 ・本日のねらいと子どもの活動，支援内容を確認する。 ・保育士の支援方法や保育士同士の連携，他職種との連携について確認する。
12：00	給食 歯磨き	・アレルギーや好き嫌いを確認し，食具の選択や使い方を確認する。 ・食べる姿勢や食べ方を確認し，手拭きや食器の片づけ等の状況を確認する。 ・歯磨きの動作の確認と指導をする。
13：00	午後の活動	・午後の保育のねらいと子どもの活動と支援内容を確認する。 ・保育士の支援方法や保育士同士の連携，また他職種との連携を確認する。 ・精神や体調に変化がないか確認する。
14：00	排泄・着替え 帰りの会	・子どもたちに排泄を促し，帰りの仕度を補助する。 ・排泄を促し，排泄状況を確認し，支援が必要な子どもには補助をする。 ・リュックのなかを確認し，忘れ物がないか確認する。 ・靴下のはき方，洋服の乱れ等，子どもの身だしなみを確認する。

（2）障害児入所施設（福祉型／医療型）

　障害児入所施設は，各障害別に設置されていましたが，児童福祉法の改正により整理・統合され「福祉型障害児入所施設」と「医療型障害児入所施設」の2つに大別されることとなりました。知的障害児，自閉症児，盲ろうあ児など，家庭の事情などにより入所して生活をしています。機能回復訓練・日常生活訓練などの療育に加え，入所施設は生活の場であることから，安心・安全・安楽に暮らすことへの配慮がされて

います。「医療型障害児入所施設」とは、重度の身体障害と知的障害を併せもつ重症心身障害児など、人工呼吸器や経管栄養などの医療的ケアが必要な子どもが入所し、必要に応じて医学的治療が行われています。

〈デイリープログラム（例）〉

時間	流れ	実習生の動き
6：30	登所（早番・実習生）	・職員に挨拶をし、出勤簿に押印する。 ・夜勤の申し送りに参加する。 ・施設内の整備や設定、装具・遊具等を確認し、安全点検をする。
6：50	起床・排泄 洗面・着替え	・言葉かけをしながら、起床・排泄・洗面・着替えを促し、健康状態を観察し、報告する。 ・室内環境の整備、布団上げは子どもができない部分を手伝う。
7：30	朝食・投薬 歯磨き・排泄	・朝食の準備をし、配膳ルールを確認して配膳を行う。 ・アレルギー食の配膳ミスがないように確認する。 ・子どもの食事の食べ方の指導や下膳の指導・支援をする。 ・投薬の様子を観察し手伝う。 ・歯磨き・排泄を促し、必要な場合は支援する。
8：00	登校（登園）準備と送り出し	・登校準備、持ち物確認を子どもとともに行い、学校へ送り出す。 ・幼児の保育所等の登園準備を支援し、送迎を行う。
9：00	スタッフ・ミーティング	・子どもの状態やその日のプログラムなどの情報共有・確認を行う。
10：00	所内清掃・洗濯	・所内や施設の掃除、洗濯・洗濯物干しを行う。
12：00	スタッフ昼食	・弁当を持参し、仕事の合間に適宜食事をとる。
14：30	出迎え・着替え 排泄・おやつ	・迎えが必要な場合、職員に同行し、迎えに行く。 ・着替えと排泄を促し、必要な場合はおやつを食べるのを手伝う。
15：00	家庭学習・余暇活動	・宿題や自宅学習を指導後、余暇活動の指導をする。
16：30	排泄・入浴	・入浴準備後、排泄・衣類の着脱・入浴を必要に応じて支援をする。 ・特に幼児の入浴には見守りが必要で、入浴指導をする。
18：00	夕食・投薬 歯磨き	・夕食の準備、食事介助、下膳をする。 ・投薬の様子を観察し、手伝う。 ・食後の歯磨き指導。
19：00	余暇活動	・子どもと一緒に遊んだり、読み聞かせなどを行う。 ・必要な場合は個別の学習支援をする。
20：00〜 21：00	排泄・着替え 幼児就寝準備 学齢児就寝	・排泄、寝具の整備など就寝準備を必要に応じて手伝う。 ・幼児の場合は添い寝をして寝かせ、学齢児は就寝時間を確認し、就寝準備を促す。
21：30	退所ないしは就寝 （遅番ないしは夜勤）	・早番、遅番、泊まりがあるので、実習指導者の指導を受けて、対応する。

（3）母子生活支援施設

18歳未満の子ども（例外的に入所中の子どもが満20歳になるまで）を養育している母子家庭など、生活上の問題やDVなどの問題を抱えた母親と子どもが一緒に入所して生

活の安定を図り、相談支援を受けながら、自立を目指して生活する施設です。

母子生活支援施設には、仕事や育児、家族関係、将来の生活設計のことなど、さまざまな心配ごとを相談できる職員がいます。

母子生活支援施設では、母親の支援のほか、保育サービスを行っているところもあります。保育サービスがない場合は近隣の保育所に入所できます。児童は学校・保育所に通いながら生活しているので、施設では放課後や長期の休みには、遊びや日常生活の援助、学習指導や進路の相談に応じています。また、行事を用意し、子どもの健全な発達を支援しています。そのほか、退所に向けて、また退所後の生活を築いていくためにも、利用者とともに自立に向けた計画を立てるなど、自立に向けた支援も行っています。

〈デイリープログラム（例）〉

時間	流れ	実習生の動き
7：00	施設内巡回（早番） 施設内掃除	・朝の挨拶と引き継ぎ後、職員と施設内巡回を行う。 ・施設内の玄関・廊下・トイレ・庭などの清掃を行う。
8：00	施設内保育所開所	・子どもの施設内保育所への登園を手伝う。 ・子どもの体調、朝食、睡眠状況などを保護者に確認する。
9：00	スタッフ・ミーティング	・職員と1日のプログラムと実習生の活動計画の確認をする。
9：30	保育	・保育所に配属された場合は、散歩や園庭遊びなどを補助する。
11：00	保育	・昼食準備をする。
12：00	昼食 休憩	・配膳の一方、トイレ・手洗いをさせ、昼食を食べる。 ・下膳、片づけの後、午睡の準備をする。
14：00	昼寝	・昼寝の見守り当番以外は休憩、または連絡帳を書く。 ・子どものタオル類の洗濯を行う。 ・空いた時間に、午前中の日誌をまとめておく。
15：00	子どもの下校 学習指導・遊び	・小学生の子どもたちの下校を迎える。 ・子どもの宿題などを見たり、子どもと遊んだりする。
17：00	保護者・子ども帰宅 宿直職員へ引継ぎ	・保護者と子どもが帰宅したら、保育・児童室の共有部分の片づけ・清掃を行う。宿直職員への引継ぎを観察する。 ・実習指導者と今日の保育を振り返り、指導を受ける。
21：00	施設内巡回 （夜勤の場合）	・職員と施設内巡回を行う。 ・夜間支援の内容や緊急時の対応について学ぶ。この間、適宜日誌を書く。

（4）児童相談所（一時保護所）

児童相談所は、18歳未満の子どもの福祉に関わるあらゆる相談を受ける機関です。必要に応じて、各種児童福祉施設の利用や入所を勧めることがあり、場合によっては、

子どもを家庭から離して一時保護をします。また，住民や親族などの直接相談を受け，家庭の事情やその子どもに適した助言や指導を行うほか，地域への啓発活動や支援も行います。

一時保護を行う必要がある場合は以下のとおりです。
・棄児，迷子，家出した子ども等の緊急に保護が必要な場合。
・加虐者の親から子どもを一時引き離す必要がある場合。
・子どもの行動が自己または他人の生命などに危害を及ぼすおそれがある場合。

以上のような問題がある場合は，一時保護をしますが，援助方針を決めるために，一時保護中に行動観察，生活指導を行います。しかし，預かりの期間は2か月を超えることはできません。

（5）乳児院

入所型の乳児の福祉施設です。家庭での養育が困難な0～2歳までの乳児が生活する施設です。入所していた子どもの退所後の保護者との相談にも応じる役割も担っています。地域の子育て家庭に対する支援として短期入所や夜間養護も行っています。また，家庭養育に向けた親の支援も行います。

入所児の支援は，食事内容，食事回数，睡眠，遊び，おむつ交換の間隔は月齢によって異なります。子どもの発達段階について，自習・復習を行いながら，実習指導者の指導に沿って支援を進めることが不可欠です。

〈デイリープログラム（1歳児の例）〉

時間	流れ	実習生の動き
6：30	起床 検温	・目覚めた子どもから，おむつ交換，着替えをする。 ・検温し，記録する。健康状態を観察する。
7：00	朝食	・食事を月齢に合わせて準備し，言葉かけをしながら食事介助をする。 ・食事の摂取量を子どもごとに記録して，片づけ，清掃をする。
8：30	掃除・洗濯	・子どもの着替えをし，掃除や洗濯をする。
9：00	遊びの支援	・月齢に応じて歌やリズム体操をして遊ぶ。 ・牛乳あるいはお茶を飲む。排泄支援。
9：30	園庭遊び	・縁側や園庭で砂遊びや水遊びをする。天気がよければ散歩をする。
11：20	昼食	・食事の準備をし，介助をする。食事の量を報告し，片づける。排泄支援。
12：10	午睡 洗濯・掃除	・午睡の準備をする。添い寝をし，睡眠を促す。 ・午睡の間，子どもから目を離さず，記録つけや休憩をする。 ・部屋や洗濯物を片づける。目が覚めた子どもから，検温，排泄支援をし，布団を片づける。
14：30	おやつ	・おやつの準備をし，スプーンの使い方などを支援する。排泄支援。

15：00〜17：00	遊び	・室内遊びを楽しむ。
17：00	夕食	・食事の準備・介助をし，片づける。排泄支援。
18：00	沐浴	・沐浴の準備をし，沐浴を手伝う。 ・沐浴後は水分補給をする。
19：00	遊び	・読み聞かせなどを楽しむ。
20：00	就寝	・就寝の準備をする。添い寝をし，寝つきを促す。排泄支援。
20：30	退所	・夜勤の場合は，夜勤の見回りや個々の子どもの就眠を促す。

（6）児童養護施設

　児童養護施設では，親の死亡，病気，離婚や経済的困窮，不適切な養育を受けているなど，さまざまな事情により，家族による養育が困難な2歳から18歳（必要な場合は22歳まで延長できる）の子どもたちが生活しています。児童養護施設では，子どもたちの幸せと心豊かで健やかな発達を保障し，学校における勉学を保障し，自立を支援しています。全員が1つの建物のなかで生活を送る大舎制のスタイルがまだ多く残っていますが，現在は家庭の機能を評価し，家庭的養護が進められ，少人数で生活する小舎制に移行するなどの工夫がされてきています。養育者をもち，愛着関係を築き，青年期までの長い発達過程を支援するため，家族の再構築支援，里親制度，特別養子縁組などを推進しています。また，地域のなかで生活する地域小規模児童養護施設や，グループホームなど，ごく普通の家族の生活のあり方になるべく近い環境のなかで養育し，社会適応，自立を促進することも試みられています。

〈デイリープログラム（例）〉

時間	流れ	実習生の動き
6：30	起床	・言葉かけをしながら，起床・着替え，トイレ，洗面の援助を行い，健康チェックをする。 ・布団の収納，あるいはベッド整備を支援する。
7：00	朝食	・朝食の準備，年少児などの食事の補助をする。
7：30〜8：00	登校・登所	・持ち物確認を各自するよう促す。必要なら一緒に確認する。 ・子どもたちの登校を見送る。保育所には付き添って行く。
8：00	掃除 洗濯	・職員や実習生で分担をし，部屋・トイレ・お風呂などの掃除をする。 ・洗濯をし，洗濯物や布団を干す。衣類入れの整理をする。
9：30	スタッフ会議	・個々の子どもの状況把握，指導計画の検討，スケジュールの確認をする。
11：00	休憩	・昼食をとる。実習日誌の記録を書いたり，周辺整備をする。
14：00	低学年下校	・子どもの下校は学年や行事により異なる。 ・出迎えをし，学校からの連絡事項の確認を子どもとともにする。 ・手洗い，うがい後に自由時間として宿題や自習，自由遊び。

15:30	小学生 中高学年下校	・小学生中高学年の下校を出迎える。高学年は16時過ぎの下校が多い。中高生は部活があるとさらに下校時間は遅くなる。 ・中学生まではおやつがある。
16:00〜 17:30	自由時間	・宿題や自習以外に，曜日によって「絵画」「音楽」「サッカー」などの自主サークルや教室があり，子どもたちが自由に選ぶ。 ・子どもの動きに合わせてサークルや教室に参加する。
17:30	夕食準備	・当番の子どもとともに夕食の準備を手伝う。
18:00	夕食	・食堂に集合し，子どもと一緒に夕食をとり，片づける。
19:00	学習・入浴	・食後は自由時間だが，宿題などの学習支援をする。 ・入浴は生活単位ごとに入浴し，入浴後の風呂の掃除などの指導をする。
20:00	幼児就寝	・幼児の着替えを援助し，就寝を促す。
21:00	小学生就寝	・小学生の子どもの就寝を促す。
22:00	就寝，消灯	・中高生に就寝時間の声かけを行う。宿直の場合は実習生も就寝する。

（7）障害者支援施設

　障害支援6区分のなかで区分4以上の重症度があること，あるいは自立訓練または就労移行支援が入所によって効果的と判断される場合など，入所基準に基づいて入所許可がなされます。入浴，排泄及び食事等の介護，その他日常生活上の生活支援を行います。障害者支援施設にいる障害者でも，平日の昼間は生活介護などのサービスを受けるために他の通所施設に通所することも最近は増えています。障害者支援施設では，介護生活に関する相談及び助言，その他の必要な日常生活上の支援を行います。生活支援員，看護師，理学療法士などの職員が連携し，個別支援計画をもとに目標達成に向けた支援を行っています。利用者のニーズに応じて，それぞれのサービスが組み合わされ提供されています。障害支援区分や障害別，年齢によって利用できるサービスが異なります。

〈デイリープログラム（例）〉

時間	流れ	職員と実習生の動き
6:30	起床・洗面・排泄	・起床と健康状態を確認し，排泄，着替え，洗面を促す。 ・さわやかな朝の挨拶を忘れずに障害者同士の支援を促す。
6:50	朝食準備	・当番とともに配膳準備をする。
7:00	朝食・投薬	・必要に応じて食事介護を行いながら，投薬，健康確認を行う。
7:30	片づけ・歯磨き	・当番とともに片づけをし，歯磨きの援助をする。
8:30	送迎・通院支援	・他所に就労支援サービ利用者を送り出す。通院支援を行う。
9:00	スタッフ・ミーティング	・1日の活動プログラムや役割分担を確認する。
9:30	体操	・広い場所で，体操を行う。

10:00	朝の会	・利用者に1日の活動プログラムを説明する。
10:30	入浴 リハビリ 活動	・他施設通所者以外は入浴介助を行う。（夏は週4回，冬は2回） ・週2回のリハビリ ・生活活動（洗濯，環境整備など）
11:30	昼食・投薬・歯磨き	・当番の配膳準備。食事支援・投薬の手伝い。歯磨きを促す。
13:00	サークル活動	・農作業，工作，陶芸，書道などの活動をグループごとに行う。
14:40	おやつ・お茶	・おやつづくりがあることもある。水分補給・排泄。
15:30	自由時間	・外出・買い物支援・就労支援通所者の受け入れ。
16:00	洗濯物取り入れ	・基本的には自分のものは自分で取り入れたたむ。
17:00	夕食準備	・当番の夕食準備と支援。
17:30	夕食	・夕食前排泄支援。食事支援・投薬手伝い。
18:00	食事片づけ	・当番を中心に下膳，清掃の支援。
18:30	自由時間	・ゲーム・TV・ビデオなど。
21:00	就寝準備	・洗面・歯磨きなど。夏の暑い日はシャワーをすることもある。
21:30	自由時間	・それぞれ自分の趣味ややり方で過ごす。就寝する者もいる。
22:00	消灯	・一斉消灯。23:00には完全消灯を行う。

（8）その他の指定障害福祉サービス事業所

　障害者には，全体として居宅介護，重度訪問介護，短期入所，重度障害者等包括支援，施設入所支援，就労移行支援，就労継続支援などのいろいろな障害福祉サービスが提供されています。生活介護だけという指定障害福祉サービス事業所もありますが，より多くの施設が同時に就労支援など複数のサービスを提供しています。

〈デイリープログラム（例)〉

時間	流れ	職員と実習生の動き
8:00	送迎準備 活動準備	・実習内容を確認のうえ，バス通園の送迎準備を手伝う。 ・施設内外の掃除を手伝う。
9:00	スタッフ・ミーティング	・多職種が加わる場合は，プログラムの活動目的や役割分担を確認し，加えて実習生の仕事もスタッフ全体で確認する。
9:30	登園 挨拶 排泄	・自主登園の受け入れをしながら，バス通園の出迎えを行う。 ・朝の挨拶を促しながら，心身の状態を観察・把握する。 ・保護者からの連絡事項の申し送りや，連絡帳のチェックをし，様子を観察・確認する。 ・一人ひとりの排泄指導や支援を行う。
10:00	朝の会 主な活動	・障害者一人ひとりの障害や理解度に応じて，本日の活動プログラムへの意欲や期待を引き出す支援を学ぶ。 ・支援者同士の連携，多職種との連携のあり方を観察する。
11:00	排泄・手洗い・着替え	・排泄・手洗い・着替えの声かけをし，利用者の意欲や意識を引き出しながら行う。

11：30	昼食 投薬・歯磨き	・片づけと食卓整備などの昼食準備，配膳・下膳を行う。 ・給食の食種別配膳の仕方を観察・支援する。 ・経管栄養などによる食事を見守る。 ・投薬・歯磨きの観察と手伝い。
13：00	自由遊び	・曜日によって異なる企画がなされている。 ・観察支援を行う。
13：30	帰りの会	・保育士の支援を観察しながら，活動を振り返り，次の登園への期待がもてるよう支援する。
14：00	降園 ミーティング	・自主通園・バス通園の送迎を行う。 ・必要に応じて他職種を交え，1日の活動の反省を行う。
16：00	記録 翌日の教材準備	・業務日誌や記録を閲覧させていただき，書き方を学ぶ。 ・今後のプログラムや予定の打ち合わせをし，必要な準備を行う。 ・実習指導者だけでなく，連携した他職種スタッフに対しても，挨拶をし，退勤する。

チェックシート

	項　　目	チェック
1	保育所実習と施設実習の違いについて理解できましたか。	
2	保育実習Ⅰ（施設）と保育実習Ⅲの意義と目的について理解できましたか。	
3	保育士養成における施設実習の必要性について理解できましたか。	
4	施設実習における利用者への支援の方法と注意点について理解できましたか。	
5	施設実習において注意することについて理解できましたか。	
6	各施設の概要と利用者への支援について理解できましたか。	
7	各施設のデイリープログラムと実習生の動きについて理解できましたか。	

参考文献

久富陽子（編著）『学びつづける保育者をめざす実習の本——保育所・施設・幼稚園』萌文書林，2014年。

全国児童発達支援協議会（編著）『発達支援学　その理論と実践——育ちが気になる子の子育て支援体系』協同医書出版社，2011年。

浦田雅夫『考え，実践する　施設実習』保育出版社，2015年。

新保育士養成講座編纂委員会『保育実習（改訂版）』全国社会福祉協議会，2015年。

太田光洋（編著）『幼稚園・保育所・施設実習完全ガイド（第2版）』ミネルヴァ書房，2015年。

保育をひらく扉⑨
無料塾開催──公立高校入試合格の喜び

　母子生活支援施設での保育実習は，保育所が附置しているところでは就学前の子どもを対象にした保育での施設実習になりますが，それがない場合は児童養護施設と同様，学校から帰宅した小学校１年生から高校生の帰宅を待ってはじめて子どもたちとの関わりができる時間になります。小さな子はお姉さん先生，お兄さん先生としてすぐに遊びが展開できるのですが，中学生くらいからは実習生が声をかけても少し距離を置かれたり，まったく冷たくあしらわれることもなくはありません。

　母子生活支援施設で実習をした１人の学生から，中学生，高校生との関わりの難しさが報告されました。その学生は実習期間中に彼らが何らかの支援を求めている気持ちを感じていたようで，彼らのために何かできないかと考え，施設で無料塾を開きたいと提案をしてきました。この提案を施設にもちかけたところ，施設側は快く受け入れてくれました。

　10日間の実習中は声をかけても「ウン」「ハイ」くらいの応答しかしてくれなかった中学３年生のＳくん（男子）と他の中学生と高校生の３人が待っていました。どの子どもも実習生が関わろうとしてもこれまで肩すかしをしてきた子どもたちです。Ｓくんは受験生だったこともあり，ボランティアにきた学生たちにもその責任の重さから緊張が走りました。「わたしは，国語は自信があるけれど数学はダメ」「生物なら自信があるけど物理・化学はダメ」など，ボランティア側の指導力の不足も感じさせられ，大学に戻って他のゼミに話を広げて，数学・理科に強いボランティアに参加をお願いして体制補強をしました。Ｓくんの公立高校受験への準備として一番の問題はスケジュールでした。１月には推薦書をもらい，２月末応募締め切り，３月試験と６か月のダッシュでした。週２回の予定でしたが，Ｓくんだけは週３回に増やし，冬休みは特訓期間として週４回まで頑張りました。

　ボランティア学生は，３月15日の合格発表日に携帯に連絡がきた時は，本当にドキドキしたそうです。幸い，Ｓくんは公立の志望校に見事合格し，その喜びは何よりも大きな自信になったようです。実習中には「ウン」「ハイ」くらいしか言わなかったのが，この取り組みを通して，目を見て話をできるようになり，Ｓくんから会話が始まることも多くなりました。Ｓくんは父親の母親への虐待を見てつらい思いを抱えた子どもでしたが，それを吹っ切りながら学びへの思いを育み，「生きる自信と希望」と「他者への信頼」という大きなプレゼントを自分に与えたのです。

第10章
実習日誌の書き方と活用の仕方を学ぼう

> **学びのポイント**
> ・実習日誌の作成の手順と留意事項を学ぼう。
> ・実習日誌を書く時のポイントを押さえよう。
> ・実習日誌を用いた保育の振り返りの方法を学ぼう。

　ここでは，実習日誌の作成手順と書き方を学びます。記録の重要性と個人情報への配慮の仕方を理解したうえで，実習日誌を書く時のポイントを押さえましょう。また，もっと学びを深めたい人のために，実習日誌を使った保育の振り返りの仕方を載せています。これらをぜひ活用して実習の学びを深めていってください。

1．実習日誌を書く意義と目的

　実習日誌は，みなさんが保育者になるための学びの記録です。その日の実習を終えて1日を振り返り，実習内容を記録することで，後から気づくことがたくさんあります。その気づきを，子どもの育ちと関連づけて捉えるためには，まず文字にして客観的に捉えることが大切です。

　また，それを通して現場の保育者から，保育に対する見方や考え方を学ぶ貴重な機会となります。実習日誌を書くことで，みなさんの保育に対する気持ちや考えを現場の保育者に理解していただき，実習を有意義なものにしていきましょう。

2．実習日誌を書くための準備

　実習が始まると，毎日実習日誌を書き，その翌朝日誌を提出し，実習園の担当者の指導を受けることになります。その日の実習を終えて帰宅し，実習日誌に向かう時になって，「さあ，何を書こうか」と考え始めるのでは，効率よく実習日誌を書くことはできません。実習中，健康に過ごし有意義な実習をするためには，実習日誌を書くことを負担に感じないようにしたいものです。そのためには，実習日誌に書くべきことを実習前から準備する必要があります。

（1）事前準備1：実習園に関する資料収集をしておく

　実習園でのオリエンテーション時に，その園のデイリープログラムや入園のしおり，園だより・クラスだより等を頂いておきましょう。その日の保育の流れを理解するためには，実習園のデイリープログラムや行事，園の環境図をもとに，全体を把握したうえで毎日の記録内容を考えるほうが，意味のある日誌を書くことができます。

（2）事前準備2：自分の実習の目標を立てる

　「実習の目標」は，実習生としての基本的な姿勢・心構えに関する目標と，保育の観察ポイントの両方を考えておきましょう。

　たとえば，以下のような目標が考えられます。

〈実習の目標例〉
・クラスの子ども全員に言葉をかける。（実習生としての基本的な姿勢・心構え）
・保育者の子どもへの言葉かけや関わりを学ぶ。（保育の観察ポイント）

　また，実習期間中を前期・中期・後期の3期に区分して，自分が達成できそうな目標を考えておくとよいでしょう。実習の経過とともに徐々に目標が高くなり，保育を観察するポイントが深化していくように設定することが望ましいです。

3．実習日誌作成の際のポイントと注意事項

　多くの場合，実習日誌は時系列にそって保育の流れを書く欄と，実習生の体験や観察をもとに感想や考察を書く2つの欄で構成されています。以下に，まず記述にあたってのポイントと注意事項を示し，そのあとに具体例を示します。

（1）自分なりの視点をもつ

　さまざまな子どもたちとの出会いを通して子どもの世界への理解を深めるためには，自分なりの視点をもって，継続して同じ遊び場面を観察したり，グループ遊びをしている子どもたちを何日間か継続観察したりするなど，子どもの興味・関心や育ち・変容の姿を捉えることが大切です。

（2）状況が想起できるように具体的に書く

　子どもの姿や発達の様子が客観的に読んで伝わるように，わかりやすく書いてください。具体的な子どもの言葉や行動，しぐさや表情なども書くと，その時の状況を想起しやすくなることと思います。

（3）事実の記録と考察・感想の区分をする

　保育者の配慮や個別の援助も，観察記録から考えて書きましょう。事実の記録と考察・感想は，明確に整理して記入します。その際，保育者の子どもへの対応や実習生への指示・助言等はもとより，子どもからの指摘や反応も，その場面がわかるように書きます。そうすることで自分のとった行動を意識化し，今後の保育に活かすことができます。

（4）実習日誌の記述の注意

　実習日誌は，ペンまたはボールペンで，誤字・脱字に気をつけて丁寧に書きましょう。記入漏れがないか，提出する前に再度確認することが大切です。

　文体は「である調」あるいは「です・ます調」のどちらかに統一します。敬語を正しく使用するように注意し，会話には「　」をつけて，書き言葉と区別して書きましょう。また，タメ語や差別用語の使用は厳禁です。

　子どもの個人情報の保護に留意して，名前はイニシャル等で表記するなどします。

（5）保育所実習記録の例

　ここで，記録例を表10－1に示しますので，先にあげたポイントや注意点を改めて確認しながら，書き方を理解しましょう。

4．記録を通しての学びの振り返り

　実習日誌を書くということは，その日の自分の実習時間の行動について具体的に省察するということです。最初に，実習開始前に自分が立てた目標にそって，その日の実習を振り返ってみましょう。その時に，評価をした理由や具体的な保育場面を書いて反省し，翌日の課題を見つけましょう。決して，「できた」「できなかった」という表面的な評価をするだけに終わらないようにしたいものです。

第Ⅱ部 実践編：保育実習で学ぶことって何だろう？

表10-1 保育所実習記録の例

月　日　曜	天候　晴れ	気温 ○℃	実習者名			
担当グループ及びクラス名	たんぽぽ組（4，5歳児）	人員	5歳児　男児6名　女児5名 4歳児　男児6名　女児6名		欠席	0名
実習指導者名	○○　○○先生					
本日のねらい	遊びのイメージを共有し，友だちとの関わりを楽しむ。					
主な保育の内容	園庭で「あぶくたった」をする。					
実習の目標	○クラスの子ども全員に言葉をかける。 ○保育者の子どもへの言葉かけや関わりを学ぶ。					

「本日のねらい」は子どもを主語にした文体で「心情・意欲・態度の育ち」に関するねらいを設定する。

1日の各活動の時間（開始時刻・終了時刻）がわかるように書く。

時間	環境構成	子どもの活動	「保育士(☆)」と「実習生(○)」の関わり（配慮・留意点を含む）
8：30 9：00 9：30	・保育室及び園庭 ・受け入れの準備をするように，保育室を整える。 ・室内の換気をする。 ・遊具の準備をする。	・順次登園する。 ・挨拶をする。 ・カバンと帽子を棚に置く。 ・身辺整理が終わった子どもから，園庭に出る。 ・好きな遊びをする。 ・砂場遊び・鉄棒 ・スケーターや三輪車で遊ぶ。	☆登園の準備をする。 ☆一人ひとりに元気よく朝の挨拶をし，健康状態の把握をする（視診）。 ○子どもと保護者に笑顔で挨拶する。 ☆園庭担当の保育士と室内に残って子どもの受け入れをする保育士に分かれる。 ○好きな遊びが見つかるように言葉をかける。 ○子ども一人ひとりの遊びを観察する。
10：00	〈園庭の環境構成〉 [図：たんぽぽ組テラス、砂場、A、B、砂場のおもちゃ] A：「あぶくたった」の鬼役の子どもの入る家〈ダンボールで製作〉 B：スケーターのコースをつくる スケーター，三輪車は，ラインをひいたり，セーフティコーンをおいて，コースをつくる。	・「あぶくたった」をする友だちを，「この指とまれ」を歌って誘う。 ・円になって「あぶくたった」を始める。	☆「この指とまれ」と歌いながら「あぶくたった」に子どもを誘い，最初は遊びをリードする。 ☆鬼役と子ども役の言葉のかけあいを楽しめるように配慮する。 ○遊びに参加しながら鬼役の子どもを援助する。
10：40	・トイレ，手洗い場 ・保育室 ・トイレ，手洗い場では，保育士が分担して子どもの様子を見守る。	・片づけをする。 ・排泄，手洗いをする。	☆子どもたちに片づけをして保育室に入るように伝える。 ☆排泄，手洗いを促す。

必要に応じて，図や絵を書くこと。特に製作活動などでは，教材の種類や数なども書き入れる。

第10章　実習日誌の書き方と活用の仕方を学ぼう

考　　察	
〈実習の目標の振り返り〉	見出しをつけると、日誌の内容が明確になり、後日振り返りをする時に読みやすく、指導する園の先生方も、内容を理解しやすい。
今日は実習の初日だったので、クラスの子どもの顔と名前をおぼえようと考え、登園の時から、一人ひとりの子どもの顔を見て、挨拶をするように心がけた。子どもたちと話をしようと思って「おはようございます」と言ったものの、その後どのように関わったらよいか言葉が出なかった。私を見て恥ずかしそうに母親の後ろに隠れたAちゃんに対して、C先生が「Aちゃん、Bちゃんたちと一緒にドングリごま、つくらない？」と言うと、Aちゃんは母親から離れてC先生と一緒に友だちが製作遊びをしているコーナーに行った。Aちゃんのお母さんは、安心して笑顔になって部屋を出て行かれた。C先生のような関わりが、私も早くできるようになりたいと思った。	
〈個別の観察記録〉	
	・実習生が関わった子ども数名を選んで書くこと。 ・その日一番印象に残ったエピソードを具体的に書く。 ・子どもの具体的な言葉や行動、しぐさや表情なども書くとよい。 ・子どもと関わってみて、気づいたことや、自分自身の感想なども入れる。 ・視点を決めて、継続的に記録をとることもよい。 ※子どものプライバシーに配慮し、個人名は記入せずイニシャル等で書く。
〈本日のまとめと課題〉	
	・本日の保育のねらいにそって具体的な事例をあげて感想を書く。 ・事例は生活や遊び・主な活動等、さまざまな保育場面を選び、気づいたことを子どもの育ちと関連づけて考察するとよい。 ・反省会での助言等も、自分の考察と分けて記入しておくこと。

実習園からの指導と助言	
実習園検印	大学検印

（1）実習全体を総括する評価のポイント

　実習の最終日や実習終了後には，初日からの実習日誌を読み直して実習全体を振り返り，保育の学びを深めていきましょう。実習全体を総括する際の評価のポイントを，次に記していますので参考にしてください。

★「実習の目標」を自己評価してみよう
　　・「実習の目標」はどの程度，何を達成できたか
　　・「評価」の視点及び具体的な理由について説明できるか

★「考察と今後の課題」について整理してみよう
〈自分の実習態度について振り返ってみよう〉
　　・礼儀正しく，学ぶ姿勢があったか
　　・意欲的に活動や遊びに参加していたか
〈保育士の役割を具体的に理解できただろうか〉
　　・子どもたちの自発的な活動を促すためにどのような工夫をしていたか
　　・子どもたちの興味・関心に応じてどのような環境構成をしていたか
　　・保育士が，子ども一人ひとりに応じてどのような指導・援助を行っていたか

（2）子ども理解を深めるための実習記録の活用

　実習日誌を通して保育の振り返りをすると，自分の今後の課題が明確になってきます。しかし，「あの時，あの子どもへの関わりは，どうしたらよかったのだろう」と答えが出ないまま終わっていることも多いのではないでしょうか。次に紹介する保育実習後の振り返りの方法は，学生同士が実習中の「子どもとの関わりにおいて困った体験」を相談し合うことによって，将来保育士に必要なコミュニケーション力と保育実践力を向上するための演習方法です。

① 相談記録を活用した実習場面の振り返り

　次に示す「相談記録」の書式（表10-2）には，実習中に子どもの対応で学生が困ったことや相談したい保育場面を選んで書くようにします。記録のテーマは，子どもの言葉または学生自身の内面のつぶやきから設定します。そして，相談の対象のクラスや子ども，場面状況（時間帯），相談したい事柄を書きます。実際に取り上げる保育場面は短時間ですので，詳細に誰がどんな言葉を言ったか，その時の子どもの表情，動作，状況などの説明を付記すると，保育場面をイメージしやすくなります。

第10章 実習日誌の書き方と活用の仕方を学ぼう

表10－2 「相談記録」を活用しての実習場面の振り返り

テーマ　Sくんは正義の味方？

園名（○○保育園）　　記録日　2013年8月25日水曜日

クラス・対象となる子ども		2歳児クラス 2歳児（担任2名子ども12名）	場面状況 時間帯	帰りの集まりの後の好きな遊び（16時30分頃）
相談したいこと		友だちが物の取り合いをしている様子を見て，取った友だちをこらしめる行動をする子どもへの対応について。		
相談場面（子どもの言葉・様子及び自分の言葉かけ・働きかけと内面）				子ども，クラスの状況
保育者・実習生	子ども	（自由遊びの時間，2歳児はブロックで遊ぶことが大好きです。自分の好きな色や大きさを集めたり，「バンバン」と言って鉄砲のようなものをつくったりして遊びます。） 　Kくんは青の長いブロックが好きなようで同じ形のブロックを集めています。私は，少し離れたところでKくんのブロック探しに協力していました。		K児 　身体は他の子どもより大きいが，おとなしく保育者に甘える姿がよく見られる。
	K児	「これ，Kくんの！」（納得がいかないような，泣きだしそうな顔で私を見る。）		R児 　身体は小さく，おとなしい。口数も少ないが，友だちと関わることが好きなようで，友だちの様子をよく見ている。
実習生		「Kくん，青いのほしかったんだね。Rくん，Kくんが持っていたんだって。貸してって言った？」		
	R児	（黙ったまま，ブロックを握りしめる。）		
実習生		「Kくん，Rくんも青いのほしかったんだよ。同じのを探そうよ。」 ──Kくんと青いブロックを探す。		
	R児	「Rの！　これRの。」		S児 　4月生まれであるが，K児より身体は小さい。動きが速く，間違ったことは嫌い。友だちのことを思いやる行動も多い。
	S児	（Rくんの後ろから手を回し叩くなどしてブロックを取り上げ，Kくんに渡す。）		
	K児	「ありがとう。」		
	R児	（泣く）		
K先生		「Sくん，KくんのブロックをRくんが取って許せなかったんだね。」		
	S児	「うん。」		N児 　2月生まれで，こだわりが強い。身体も小さい。
K先生		「でもね，叩いたりしたらダメだよ。叩かれたら痛いよね。」		
	R児	（忘れたかのように他のブロックで遊び始める。） ……しばらくして……		
	N児	「もー，Nちゃんの取らんでー。」		
	L児	（Nちゃんが読んでいた本を横取りして読む。)		L児 　5月生まれで，言葉もよく発達しているため，自己主張が強い。
	S児	（すぐに駆けつけ，L児から本を取り返し，N児に渡す。）		
	L児	（泣く）		

記録を書いて気づいたこと 〈①子ども理解　②実践の手だて〉

> ① 子ども理解：RくんはおそらくKくんのように青いブロックへのこだわりはあまりなかったので，次の遊びへとりかかったと思われる。Sくんは泣いている友だち，困っている友だちがいたら，助けてあげることがよいことだとわかっているが，そのためなら無理に取り上げてもよいと思っているのではないかということ。
> ② 実践の手立て：Sくんがどのような子どもかわからなかったので，対応に戸惑った。

相談して気づいたこと：今後の実践に生かすために 〈①子ども理解　②当面の手だて〉

> ① 子ども理解：2歳児は，友だちとの関わりも増え，子ども一人ひとりの性格がよくあらわれていく時期だと感じた。一人ひとり，物事の捉え方，考え方が違うからである。
> ② 当面の手立て：Sくんは，この場面以外でも友だちを思いやるゆえに，叩くなどの強行手段にでる様子が見られる。友だちを思いやる気持ちはよいことなので，それを尊重しながら暴力はよくないということを伝えていき，Sくんを優しい子どもに育てていきたい。

注：「相談記録」については，「平成26年度全国保育士養成セミナー（於　福岡　2014年9月18日）」において宮里六郎氏が実習の事後指導に関して報告した資料を参考に作成。

② 相談記録の考察

　場面記録を書いた段階では，学生は，ブロックに対する2歳児の思いがそれぞれ違うことに気づいています。S児に対しては，友だちのことを思う気持ちは認めつつも，S児が「無理に取り上げる」行為をよいと思っているのではないかと心配しています。実際には，この学生はS児の対応に戸惑い，「何も援助できなかった」とその日の実習日誌に自分の保育の振り返りとして書いていました。

　学生はこの事例を相談したことで，2歳児の友だち関係の発達的特徴を理解したことがわかります。対応に戸惑ったS児の関わりについて相談した結果は，S児の「思いやり」の気持ちは尊重しながらも，「暴力」的な行為は注意するという手立てでしたが，2歳児には理解しにくい高度な要求であることに，まだ気づいていません。このように場面記録を記述し，子どもに適した具体的な手立てを考えることを繰り返し体験することで，自分の実践や保育現場の実際に疑問をもち，保育を考える力を培えることでしょう。また，相談し合うなかで，講義で学んだ保育理論を自分に引きつけて考えつつ，自分とは違った見方に気づくなど，保育を柔軟にイメージする実践的センスも培われると考えられます。

　ぜひ，学生のみなさんが自分たちの実習体験を，実習後に記録を通して振り返り，それをもとに話し合うことで保育実践力を高めていかれることを願ってやみません。

チェックシート

	項　　目	チェック
1	実習日誌を書くことの意義と目的について理解できましたか。	
2	実習日誌を書くプロセスについて理解できましたか。	
3	実習日誌を書く時のポイントと書き方について理解できましたか。	
4	実習日誌の具体例を見て具体的な書き方について理解できましたか。	
5	実習日誌を通した学びの振り返りについて理解できましたか。	
6	相談記録を使用した振り返りの方法について理解できましたか。	

参考文献

相浦雅子・那須信樹・原孝成（編著）『STEP UP！　ワークシートで学ぶ保育所実習1・2・3』同文書院，2008年。

大元千種・黒川久美・清水陽子・菱谷信子・宮里六郎・脇信明「保育者の実践力形成（その2）――保育者養成校における授業分析から」日本保育学会第67回大会資料，2014年，831頁。

保育をひらく扉⑩
書くことは心を動かして見ること

　30年前，娘を預けていたどんぐり保育園のある日のことでした。「すみませーん！　遅くなりました！」と言いながら，お迎えに飛び込んで行くと，遅番担当は園長先生でした。閉所時間がとうに過ぎているというのに先生は「Sちゃん，おもしろいのよ！　ここからあそこまで這い這いしたかと思ったら，この扉を開けて。そしてね，何も入っていない扉のなかを見回すのよ！　隅っこをこうして手を伸ばして確かめて，それから首を身体と一緒にこうやって回して，天井を見ようとして"寝返り"をしちゃったのよ！」と子どもの様子を床に這いつくばって演じてくれるのです。園長先生の詳細で豊かな語りと演技に1日の疲れも一瞬忘れるうれしい時間でした。

　園長先生のこの語りは，読むのが楽しみな「保育園だより」にも生きていました。毎日クラスごとに発信されるこの便りには，クラスの子ども全員の名前が必ず入った記事が書かれているのです。どの親も楽しみにしていて，帰り支度をしながら「保育園だより」のなかに我が子の名前を追います。保育士さんが多忙な仕事のなかで毎日「保育園だより」をつくるのは大変なことですが，保育士さんたちが子どもの様子をすばやく便りに書けるほどに心を動かしながら観察をしているということです。

　考えるということは言語を使って考えますから，心と頭を動かして観察しているなら，日誌を書く時には，言語化された記憶からより容易に文章を引き出すことができるはずです。また，書く時はどんぐり保育園の園長先生がそうであったように，エピソード的な具体的記述によって読み手と情報を共有しながら，続いて考察へと書き進むことです。具体的記述が弱ければ読み手が理解しにくく，実習指導者は考察の適切性が評価できません。また逆にエピソードが冗長だと，その整理を読み手に要求しているので，読み手は疲れてうんざりします。要所が描かれた具体的な記述が求められます。

　考察は，みなさんの目に支えられます。実習生自身の子ども観・障害観・人間観が豊かであってこそ説得と納得の考察ができるのだと思います。考察を書き進めるなかで自分のものの感じ方や見方を研ぎ澄ませてください。

　実習中は初めての体験ばかりで右往左往しがちですが，心を落ち着けてあなたの心のアンテナを目一杯立てて観察をすること，そのためには毎日の目標や課題を準備し，昨日の自分の足跡をふまえたうえで今日の方針をもって実習に臨むことが大切です。

第11章
保育実習後の振り返りをしよう

> **学びのポイント**
> ・実習終了後に行う必要な作業を確認しよう。
> ・実習から得られた学びを振り返り，今後の課題を整理しよう。
> ・資格取得に必要な手続きを確認し，保育士として働く準備をしよう。

　ここでは，保育実習終了後に行う作業やまとめについて整理し，保育士として就職するまでの流れを説明します。実習では，講義だけでは学べない多くの貴重な体験ができたのではないかと思います。実習終了後に必要な手続きを確認しながら，効果的な実習の振り返り方について学びましょう。そこから新たな課題を見つけ，さらなる自己成長への一途とし，保育実習で得られた学びを整理し，保育士として就職するまでにさらなる学びを深めていきましょう。

1．保育実習後の手続き

（1）実習日誌を実習先へ提出しよう

　実習日誌は，実習の記録として今後の学びの振り返りに大きく役立ちます。実習の最終日が終わったら，最終日の日誌とともに，総括やまとめのページを用いて，実習全体を「省察」「反省」します。そこには，実習のなかでうれしかったこと，楽しかったこと，困ったこと，苦戦したこと等を，自己の行動とともに振り返り記入しましょう。また，得られた課題等も記入することで，これからの学びへとつなげることができるでしょう。これらをまとめたうえで，すべての記入を終えた実習日誌を実習先に提出し，実習指導者に評価をしてもらいます。
　この時に気をつけたいことは，実習先に実習日誌を提出する際に必ず実習先の実習指導者に連絡し，アポイントを取っておくことです。また，複数名で実習に行った場合は，個々に提出するのではなく，全員でまとまって提出に出向くようにします。さらに，提出した実習日誌を受け取りに行く日取りを決めておくことも必要です。提出と同時に，受け取りに行く日程も実習先と調整しておきましょう。

（2）実習終了後の実習先との関わりを考えよう

　実習先との関わりは，実習期間が終了したからといって，そこで途切れてしまうものではありません。行事が開催される予定があれば，ボランティアやアルバイトを依頼されることがあるかもしれません。学内の実習担当教員と相談しながら，実習終了後の実習先との関わり方を考えていきましょう。一方，実習先の子どもや利用者と個人的な関わりをもつことは禁止です。子どもや利用者から要求された場合でも，勝手な判断はせずに，必ず実習指導者に相談をしてください。

　次に，お世話になった先生方にお礼状を書き，感謝の気持ちを伝えることも大切なことの1つです。お礼状を書くことは，日頃の業務に加え，みなさんを指導してくださった先生方に感謝の気持ちを伝えるとともに，社会に出ていくみなさんにとっても身につけてほしい礼儀です。

　お礼状の内容は，時候の挨拶から始まり，具体的な実習でのエピソードを交えながら，みなさんの素直な感謝の気持ちを実習先の先生方に伝えるほうがよいでしょう。また，みなさんからの手紙は実習先の先生方にとっても今後の実習指導における励みとなりますので，心を込めた内容にしましょう。お礼状は，実習終了後，1週間から10日のうちに作成し，送付しましょう。

　お礼状を書く際は，白無地の縦書きの便箋を使用し，封筒もなるべく二重になった白色の封筒を使用します。黒のペンあるいは万年筆で書き，一度，書く内容をまとめ，下書きをしたうえで，なるべく漢字を用いて丁寧な文字で書きましょう。間違えた場合は，修正液を使用するのではなく，はじめから書き直し，はじめから最後まできちんと書きます。複数名で実習に行った場合は，連名で出すのではなく，各自1通ずつ個人名で出しましょう。お礼状等の書き方については，見本を載せていますので，参考にしながら自らの思いをまとめてみましょう（図11-1～図11-3）。

（3）学内の実習担当教員へ報告に行こう

　実習期間中，学内の実習担当教員がみなさんの実習先に巡回指導に行きます。その際，実習先の先生方から実習生の頑張っている点や課題等を聞いています。

　実習が終了したら，学内の実習担当教員のところへ出向き，巡回指導に来ていただいたことへの感謝を伝えるとともに，実習での様子を報告しましょう。その際に，学内の実習担当教員からも実習巡回時の実習生の活動の様子を踏まえながら，多くのアドバイスをもらい，自分の実習を振り返り，今後の学びにつなげる機会としましょう。

① 拝啓　立春を過ぎ、本格的な春が待たれる頃となりました。園長先生はじめ諸先生方におかれましてはいかがお過ごしでしょうか。

② この度の保育実習では大変貴重な経験をさせて頂き、ありがとうございました。全てのことが初めてのことばかりで、少しでも多くのことを経験しようと思っているうちにまたたく間に時間が過ぎてしまいました。

③ 初めて子どもたちの前で読み聞かせを行ったときは緊張のあまり絵本にばかり集中してしまい、子どもたちの表情を見ながら読み聞かせを行うことができませんでした。しかし、実習期間中に何度も読み聞かせの機会を与えてくださり、次第に子どもたちの表情を見ながら読み聞かせを行うことができるようになりました。絵本の内容に合わせて表情を変える子どもたちの姿が強く印象に残っています。

④ 今回の実習を終えて、保育者になりたいという気持ちが一層強くなりました。先生方にご指導いただいたことを忘れず、一生懸命頑張ろうと思います。本当にありがとうございました。

⑤ 春近しとはいえ、余寒なお身にしみる季節です。お風邪など召されませぬよう、お気をつけください。

敬具

⑥ 平成〇〇年〇〇月〇〇日

〇〇〇〇大学子ども教育学科〇年
〇〇〇〇

〇〇保育園
園長〇〇〇〇〇〇〇様
諸先生方

図11-1　お礼状の書き方

① 「拝啓」で始め，手紙を書く時期に合った時候の挨拶，先生方の健康等を気遣う挨拶を書きます。
② 実習でお世話になったことへのお礼を書きましょう。
③ 実習中に得た学びを書きます。そのほかにも，教えていただいたこと，励ましていただいたこと，子どもたちの様子で印象に残っていることなども具体的に書きましょう。
④ 今後の抱負を書きます。
⑤ 先生方の活躍を祈ったり，心身の健康を気遣ったりなど先生方への心遣いの言葉を述べ，「敬具」で終わります。
⑥ 手紙を書いた日付，学校名，自分の名前を書き，最後に宛名を書きます。

 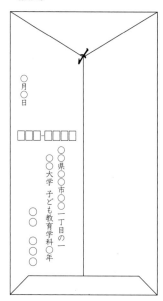

・縦書きの場合は、番地の数字部分は漢数字で書きます。
・差出人の住所は大学の住所を書くなど、各養成校の指示に従って書きます。
・裏面の封じ目には、「〆」や「封」を書きます。

図11-2　封筒の書き方

便箋は三つ折りにします。
①を内側に折ります。
②を内側に折り、閉じます。
最後に、②が封筒の裏面から見て、
手前になるように入れ、封をします。

 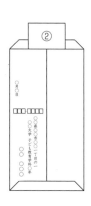

図11-3　便箋の折り方

2．実習の学びと課題の整理

（1）実習を評価する

　実習は，実際の現場において直接子どもに関わりながら，保育者が行う保育を間近で見つつ仕事内容を体験できる大切な機会です。実習の評価は，実習生として自分の行動がどうであったか，自分が今まで学内で得た基礎知識や技術を実際の現場でどの程度実践できたかを客観的に捉え直し，今後の自己成長につなげていくための重要な作業段階です。時には厳しい評価が下されるかもしれませんが，どのような評価であったかを重視するよりも，ここではその評価から学び，前向きな成長につながる活用法について学びましょう。

　実習の評価には，①施設による評価，②自己評価，③養成校による総合評価の3つがあり，これらが総合的に評価され，実習の最終の評価が決定します。

① 施設による評価

　施設による評価は，直接的な評価と間接的な評価に分かれます。直接的な評価とは，実習指導者から実習生に直接的に伝えられる評価のことです。実習日誌のコメントとして記載されるものや，実習中または実習後に実習生に直接口頭で伝えられるものを指します。また，間接的な評価とは，実習指導者から実習生の評価について，実習担当教員の巡回指導時に伝えられたり，実習評価表に記載されたりするもののことを指します。このなかでも実習評価表は公式の評価として一番重要視されるものです。しかし，それぞれの施設の価値観や配属されたクラス，子どもの特徴や実習指導者の意見等も評価には影響しますので，実習担当教員の見解を含めた総合的な評価を，自分の実習の評価として受け止めたほうがよいでしょう。

② 自己評価

　自分を評価することはとても難しいことですが，保育者として力量を身につけていくためには，目的，実践，振り返り，評価の流れを経ることが大切です。

　①実習に対する態度，意欲，積極的行動について，②子どもの発達段階と生活に関する理解や把握について，③計画，立案，準備について，④提出物の提出や事務処理について，といった点を確認することが求められます。

③ 養成校による総合評価

　養成校による評価は授業内容の理解度や実習日誌，実習報告書の内容，実習評価表等の評価に基づいて行われます。この評価が実習の総合的な評価となりますが，この評価が実習の成績のすべてというわけではないので，評価を通して次の課題を明確に

（2）実習の総括について

　ここでは，実習で学んだことをまとめるために，実習後すぐにしておくべきである実習日誌の総括について触れます。

　実習の終了後は，保育者として成長するためにもっとも大事な時期といえます。実習で体験したことや学んだことなどが記憶に鮮明に残っているうちに，実習全体を振り返り，実習指導者や施設側の先生からいただいた指導・助言などを見て，改めて気づいた点をまとめておきましょう。実習中は忙しく，深く考えることができなかった子どもたちの行動の意味や思いを改めて考えることで，自分の保育を客観的に見ることもできるでしょう。実習全体を振り返るためには，まずは実習日誌の総括をまとめることが大切です。振り返りシートを使ったり，実習報告書の作成を行ったりすることにより，実習の総括ができます。

　実習日誌の最後には実習全体を振り返り，反省や感想を書くページがあります。実習中は毎日の準備やたくさんの課題があり，実習全体を振り返る余裕はなかったと思います。これまでの実習日誌を読み返し，全体を通しての反省や感想をこのページに書くようにしましょう。また，このページは実習終了後，実習日誌を実習先に提出するまでに記載すればよいのですが，実習の思いや感想が薄れてしまわないように早めに振り返ることが大切です。

　実習全体を振り返る，といっても漠然と振り返るのでは全体を見通すことはできません。実習全体を通して，日誌の書き方，指導案についてなど各項目に分けて，それぞれ自分が気をつけたこと，褒められたこと，指導をされたこと，実習全体の評価をふまえた感想等を振り返りシートを使いながら具体的に整理して書きましょう。

　実習全体の振り返りができたら，その体験と学びを自分の言葉で実習報告書としてまとめましょう。実習報告書は，実習報告会で発表する時の資料となります。実習施設の概要，目標，方針をまとめたり，自分の体験や学びをまとめます。この実習報告書の読み手は，養成校の実習担当教員，保育士資格を目指す他学年の学生等と多岐にわたりますので，できるだけ読み手に伝わりやすい文章で作成するよう心がけましょう。

（3）実習報告書の書き方とポイント

　養成校の多くでは，実習を振り返る機会として実習報告会を設けています。「一人ひとり個別に発表する」「代表者が発表する」「グループディスカッションをする」な

ど形式はさまざまですが，貴重な情報交換の場であるため必ず参加しましょう。ここでは，報告会にあたっての報告書の書き方についてまとめます。養成校によっては決められた形式がある場合もあるので，形式に沿って作成しましょう。

　実習前に設定した目的や課題，実習中に体験したことを文章としてまとめておくことは，自分の問題を意識化し整理するためにとても大切な作業です。実習で体験したことからの学びや迷ったことなどを整理し，他の学生や担当教員等とさまざまな角度から検討することを通して，実習内容を客観視することもでき，今後の学習課題を見つけることにもつながります。

　実習報告書は，大きく分けて，①施設の概要，②実習で学んだこと，③今後の課題の３つで構成するようにしましょう。具体的な章立ては，各養成校によって異なりますが，序論では実習前に調べた実習施設の場所や施設の目的，目標，特徴といった施設に関する概要についてまとめます。本論では，自分の実習目的は何だったのか，そして実習で学んだことを具体的に明らかにします。考察は本論での具体的な体験と一緒に書いてもよいでしょう。そして，結論では自分の実習体験をもとにまとめと今後の課題について書きましょう。

　先にも述べましたが，実習報告書は読み手に伝わるように書くことが求められます。そのために以下の６点に注意して書くようにしましょう。

　①句読点を適宜用いましょう。
　②適当な文章のまとまりごとに段落をつくりましょう。
　③主語と述語がわかるように気をつけましょう。
　④接続詞を正しく用いましょう。
　⑤横文字はできるだけ避けましょう。
　⑥「～です，～ます」調ではなく「～である」調にしましょう。

　また，実習日誌においても同様ですが，指定された書式や締め切りを必ず守って提出しましょう。

（４）実習報告会での学びの共有

　実習報告書が作成できたら，養成校で行われる実習報告会に参加しましょう。ここでは，実習報告会での学びについてまとめます。
　実習報告会は個別の実習体験を全体にフィードバックし，お互いに共感し理解する

作業です。聞き手からの質疑や意見を受け，より広い視野から実習の目的や意義を改めて考え直すことで，発表者だけでなく聞き手の学習意欲や意識を高めることにもつながります。また，発表の場で聞き手である教員や学生から評価を受けることで，発表に対する意識も変わります。

実習の後に行われる報告会は，実習終了後できるだけ早い日程で行うことが大切です。実習後は，実習が終了した開放感や安心感から，友人同士でそれぞれの体験についてインフォーマルな形式で話し合う場面も多く見られますが，報告会の準備にもなるので，実習での体験と学びを振り返り，子どもに対する自分の対応の仕方や準備，計画についての反省点などを自分の言葉でまとめておきましょう。

実習報告会では，パワーポイントを使った発表を求められることがあります。パワーポイントは，現在，保育やその他さまざまな現場の発表でもよく使用されているため，習得しておくとよいでしょう。具体的には以下の流れで作成していきます。

①作成前に，報告の目的や課題，聞き手など誰に何を伝えるのかを明確にして，作成するようにしましょう。
②文章はできるだけ短く，簡潔にし，適宜図や表を使って作成しましょう。
③他の人が作成した図や表を引用する時は，必ず引用文献を記載するように注意しましょう。
④アニメーションを使ってもよいですが，あまり使いすぎると聞き手が内容に集中できないこともあるので気をつけましょう。

また，実習報告会では，以下の点に注意し，発表するようにしましょう。

①どういった流れで何を話すのか，事前に原稿を作成しましょう。
②原稿ばかりを見ながら発表するのでは聞き手に内容が伝わりません。原稿を読まずに発表できるように，事前に何度も発表の練習を行いましょう。
③聞き手にアイコンタクトをしながら，明るく元気よく発表しましょう。
④発表時間内に終わるように，作成するスライドの数を調整し話すスピードも調整しておきましょう。
⑤聞き手が理解しやすいように，サービス精神をもって伝えるという姿勢を心がけましょう。

3．保育士としてのキャリアデザイン

(1) 今後に向けて

　実習は結果を出すところではなく，あくまで自分の現状を知り，目的に向かって進む過程の1つです。実習後は実習のなかで出てきた課題に取り組み，さらなるステップアップを目指すことが重要となります。それは養成校での学びという限られたなかでの目標ではなく，保育士資格取得後の職業選択にもつながっていきます。保育士資格は，幼稚園教諭免許とともに就学前の子どもに関わる国家資格です。また，他の資格とは異なり，保育士資格を必要とする職場は広範囲です。実習では，実際の現場で働く職員の様子を観察し，保育士としての適性を考えることも大切です。また，保育士として，どの分野でどのようなことを目的に働きたいのかを明確にすることは，就職活動を行っていくうえでも重要です。目の前の実習だけにとらわれることなく，より広い視野で考えることができるようにしたいものです。

(2) 保育士登録手続きについて

　養成校で保育士資格を取得してもすぐに働くことはできません。まずは都道府県知事に対して登録申請手続きを行い，保育士証の交付を受けることが必要です。「社会福祉法人日本保育協会」が運営する登録事務処理センターにおいて，保育士証の交付を受けてはじめて，保育士として働くことができます。養成校では登録のためのオリエンテーションなどを開催し，卒業年次にまとめて事務担当者が事務手続きをすることがほとんどです。提出が必要な書類等もあるので気をつけて手続きをしましょう。
　具体的な登録方法については以下の流れで進めます。

①「登録事務処理センター」から「保育士登録の手引き」を取り寄せます。
②「保育士登録の手引き」に同封されている登録申請書に必要事項を記載します。
③手数料の払い込みを済ませたら，登録申請書に必要書類を添えて登録事務処理センターに送りましょう。
④登録事務処理センターから申請先都道府県へ書類が送られ，審査・登録決定へと進みます。
⑤保育士登録簿に申請者の氏名，本籍地，生年月日等の登録を受けて，登録事務処理センターより「保育士証」が公布されます。

登録のすべての手続きには約2か月程度かかります。登録を完了すれば,「保育士」として名乗ることができます。

(3) 児童福祉分野への就職活動

　自分の能力や個性を発揮して人間として豊かな人生を送るうえで就職先を選択することは大変重要です。児童福祉分野への就職活動は,基本的に一般企業への就職活動と差異はありません。児童福祉に関わる仕事のなかでもどの分野を選び,どのようなことを目的として仕事をするのか,自分のやりたい仕事について見つめ直すことが求められます。現代社会においては,子どもを取り巻く状況が変化し,さまざまな理由で保育を必要とする子どもが増えています。保育士資格が求められる職場には,保育所をはじめ,乳児院,児童養護施設,障害児入所施設といったさまざまな職場があり,そこには有資格者を必ずおかなければならなくなりました。そのため,保育士はさまざまな職場で幅広く活躍することが期待されています。

　就職活動の流れとしては,公立保育所(施設)と私立保育所(施設)によって多少方法が異なります。公立保育所(施設)については,おおよそ8月から12月の間に各自治体によって実施される試験を受けなければなりません。1次試験では一般教養と専門科目の筆記試験,2次試験では面接と実技を課している自治体が多いようですが,詳細は自分が受験したい自治体に直接問い合わせてみるとよいでしょう。私立保育所(施設)については,養成校に求人票が来るので,そこから自分の希望に合った保育所(施設)を探し,試験を受けるとよいでしょう。求人票だけではわからない保育所(施設)の雰囲気等を知りたい場合は,試験を受ける前に自主実習や見学が可能か,保育所(施設)に確認してみるのもよいでしょう。また,求人票だけでなくハローワークで探したり,他の求人広告で探したり,さまざまな方法がありますが,いずれにしても就職してから「こんなはずではなかった」というミスマッチが起こらないように,自分の希望をしっかり考えて就職活動をすることが大切です。

第11章　保育実習後の振り返りをしよう

チェックシート

	項　　目	チェック
1	実習後の実習日誌の提出方法と実習先との関わり方について理解できましたか。	
2	実習後のお礼状の書き方について理解できましたか。	
3	実習後の担当教員への挨拶と報告するポイントについて理解できましたか。	
4	実習評価のポイントについて理解できましたか。	
5	実習の総括のまとめのポイントと書き方について理解できましたか。	
6	実習報告会で発表する資料のまとめ方と発表のポイントについて理解できましたか。	
7	保育士登録手続きについて理解できましたか。	

参考文献

荘司雅子（監修），石垣恵美子（編著）『幼稚園・保育所・施設　実習ガイドブック』学術図書出版社，1992年。

赤田博・野村知子（編著）『教育・保育実習総論』保育出版社，1997年。

東京家政大学『教育・保育実習のデザイン』研究会（編）『教育・保育実習のデザイン──実感を伴う実習の学び』萌文書林，2010年。

保育をひらく扉⑪
実習を終えたみんなにエールをおくる

　みなさんは，なぜ保育士への道を目指していますか？「子どもが好きだから」「自分の家族が保育士として働いている（あるいは働いていた）から」「ピアノや制作が好きだから」「人の役に立つ仕事がしたいから」など，いろいろな動機があると思います。なかでも，「保育所の担任の先生が大好きだったから，あんな先生になりたいと思った」という，素敵な保育士さんとの出会いがきっかけとなった人も少なくはないでしょう。

　実習から帰ってきた学生さんたちから，「担当の先生がとても素敵な先生でした。優しくて，ほめ上手で，子どもたちとたくさん遊んで，おもしろくて……あんな先生になりたいと思いました！」という言葉を聞く時がよくあります。その一方で，「先生が厳しくて……」「子どもに冷たいと感じて……」「自分が大事だなと思うことが違って……」「あんな先生にはなりたくないと思いました……」という落胆の声が聞かれるのも事実です。しかし，保育士の存在は人々を支え，人々の心に温かい心の灯をともしています。

　「不安だらけの子育てに自信がもてない時，保育士さんの笑顔に本当に癒やされました。」「子どもを無事産むまでが精一杯で。保育士さんの子どもの発達の知識や子どもの見方に教えられました。」「母親である自分が仕事を続けられたのはよい保育所とすばらしい保育士さんがいたから。仕事と子どもの成長という女性の2大目標を支えてくれたのは保育士さんです！」「知り合いのいない東京で，子育てに不安をもちながら，長男から次男まで安心して預けることができたのは，優しい保育士さんがいてくれたから。感謝しています。」など，多くの保護者が保育士さんの働きに感謝をしていることもまた事実です。

　一方で，保育士のプライドを傷つける言葉を投げかける攻撃的な保護者もいるかもしれません。しかし，保護者を含めて保育所のみなさんが，ともに子どもの成長を喜び合い，親がつながりあえる癒やしと安心の人の輪をつくることができるのが保育所です。

　実習での体験が学生のみなさんに大きな影響を与えます。でも，どのような保育士になるのかはみなさん次第です。憧れの先生にみなさんがなることから始めましょう。そんなみなさんの頑張りを見て，また子どもが憧れる先生が生まれるのです。そして子どもを中心に，仲間や保護者とともに成長しながら，互いの心を癒し，人の輪をつなげていくことができる保育士に成長してください。

第12章
子どもと遊ぶ力をつけよう

> **学びのポイント**
> ・子どもにとっての遊びの意味を理解しよう。
> ・子どもの遊びの多様性を理解しよう。
> ・子どもの遊びの展開を学ぼう。

「遊びをせんとや生れけむ，戯れせんとや生れけん，遊ぶ子供の声きけば，我が身さえこそ動がるれ」と平安時代に『梁塵秘抄』に唄われたように，子どもは遊びを通して心身を自ら育んでいきます。しかし，現代の科学技術社会の急激な変化により，子どもの仲間遊びの機会や遊ぶ時間は減少し，室内におけるゲームなどの「ひとり遊び」や習い事，塾などに時間を費やす子どもが増加してきました。

このような状況のなか，保育所等には「遊ぶ」仲間や空間・時間が保障されていることもあり，家庭における子どもの育ちの不足を補う場として，子どもの健全な心身の発達を促す場として，遊びを通して得られる効果の再発見の場として，期待されています。

1．子どもの発達にとっての「遊び」の意味

（1）「遊び」は子どもの自発的活動

子どもは，自らの五官を通した環境との相互作用を通して，心身を発達させます。「遊び」は，子どもの内発的な情動の表現でもあり，発達の根幹的な営みでもあります。また，子どもが自らの遊びのなかに楽しさを求め，意欲を見出し，遊びの繰り返しや広がりを試みる持続的な行動でもあります。このような内発的，自発的な遊びを通して，子どもは心身の豊かな発達を遂げ，新たな能力や，豊かな心情を獲得し，身体的発達，情緒的発達，知的発達，社会的発達を遂げていきます。内発的・自発的な遊びは，自尊感情を形成し，心身の安定を生みだし，学びや創造する喜び，さらには人々と関わる喜びへと発展していきます。

（2）子どもの「遊び」の安全確保と適切な支援を

遊びにおける保育士の役割は，子どもが遊びを展開しやすい保育環境の整備と安全

確保を行うことです。誰しも保育中にヒヤリ，ハットした経験があると思いますが，その反省と経験を活かし，子どもが安全に遊びに集中できるような環境整備や安全点検を行うことに努めることが必要です。子どもの内発性を発揮するためには，限られたスペースや資源のなかで，できるだけ豊かな環境を整えることが必要です。

　実際の遊びの場面では，数に限りがある遊具をめぐって，友だち同士の衝突や摩擦が起きやすいものです。一緒に遊んでいても低年齢児だと，友だちに譲るということがなかなかできない子ども，すぐに泣き出す子どもも少なくありません。子ども同士のぶつかり合いとその調整を子ども自身が学ぶことは，生きるうえでのスキルとしても必要です。保育士は，これを子どもたちの学びの機会として捉え，子ども同士が納得のいく譲り合いができるように支援します。

（3）保育や生活の流れのなかで「遊び」の時間の確保を

　家庭の生活や保育の流れのなかで，子どもたちの遊びが途中で中断されることが多くあります。登所，トイレ，食事，お昼寝，帰宅という1日の流れを基本にしながら，できるだけ遊びを断続的にしないように，保育の計画を立てることも大切です。

　また，遊びにすぐ飽きてしまい，持続性が課題となる子どもがいる一方で，遊び始めたら，集中し，なかなか他の遊びや次の活動へと気持ちを転換できない子どもも多くいます。集中できる力，興味を持続できる力は，子どもの大事な力でもあるので，可能な限り尊重しながらも，次の活動にも興味・関心がもてるように関わることも必要です。もし，遊びの中断に子どもが抵抗する場面に遭遇したら，①現在の遊びについてともに振り返り，満足感や達成感を確認し合う，②続きの遊びをする見通しをもたせる，③次の活動のおもしろさや楽しさを共有する，④友だちが待っていることを伝える，⑤次の活動のなかでのその子どもの役割を伝える，など，言葉かけを工夫する等して働きかけてください。

2．「遊び」の多様性を理解しよう

（1）子どもの多様な遊びの展開を大事にしよう

　手遊び，ごっこ遊び，積み木，ブロック，お絵かき，水遊び，砂遊びや泥遊び，鬼ごっこなどの運動遊び，固定遊具遊び，川や野原での自然遊びなど実に多様です。

　砂遊び1つをとってもその遊びは多様であり，いろいろなバリエーションに応用・展開できます。砂を握ってはさらさらと落ちる様子を繰り返し楽しんだり，砂の感触

を楽しんだり，水を加えるとどろどろとした姿に変わる変化を楽しんだり，またカップに詰めて，カップを逆さにして形をつくることを楽しむこともできます。大きい子どもたちは，工夫して山やトンネル等の形をつくって楽しむこともできます。砂は固体でありながらも，いろいろな姿へと変化をするので，自分の思いや意図をもって自由自在に変化させることができるため，いつの時代も子どもを惹きつける遊びの対象であるともいえます。土，水，虫，草花や自然の四季の移ろいなどは，特に都会やマンション住まいの子どもには，興味関心をもって関わってほしい環境でもあります。保育所にはしっかりした保育の理念や見通しをもって，保育環境の整備をすることが求められます。

（2）年齢や個性に応じた遊びの変化と共通する充足感

子どもは遊びの素材を大人の想像を超えて自由に使用していきます。0～18歳までの子どもの遊びを網羅することは不可能ですが，どの年代でも遊びがあり，発達に対応したおもしろさを展開していきます。特に学齢期になると勉強が不得意でも，遊びの展開があるスポーツや集団ゲームの世界で活き活きと心が開放される場面は少なくありません。遊びにおける満足が次の生活の落ち着きや意欲，あるいは集中力や自信へと変わり，子どもたちの内面的な成長にもつながります。

（3）スポーツ，芸術への展開

学齢期の遊びはごっこ遊びや運動遊びと連続しながら，「スポーツ」「芸術」へと変わっていきます。スポーツや芸術の楽しさ奥深さ等が，子どもたちの自発性をひきだし，生涯をとおした人生の大事な活動につながっていくことも多々あります。遊びからの転換はいつからということはありませんが，遊びのなかから芽生え，遊びと重なり合いながら発展していき，生涯にわたり人生の大事な活動となっていくのです。児童養護施設でも，家庭で育つ子どもと同様に，子どもの趣味をたしなむ機会を保障することが課題になっています。

3．遊びの実際──わらべ歌遊びを中心に

音遊びは，子どもが生まれて間もない頃から始められます。ガラガラ（ラトル）等の遊具は，時代や民族を超えて長く愛されている玩具であるといえます。また，子守歌や手遊びなども，0歳から始められます。

以下に紹介する表現遊びは，わらべ歌です。わらべ歌は，大人から子どもへと伝え

られてきた伝承遊びです。5音階のコードでつくられており，子どもの音域でも無理なく，身体の動きとともに言葉を繰り返し口ずさんで学びながら楽しめるものです。わらべ歌は，子どもたちと保育士が一体になって遊ぶことに楽しさがあり，また，さまざまな形態にも展開できるものです。ぜひ，自身で工夫して，さまざまなバリエーションを編み出して，実習で活用していただきたいと思います。

（1）歌って遊ぼう！

◉ にぎりぱっちり

〈遊びの紹介〉

　手を「にぎる」「ぱっとひらく」という手の動作を繰り返します。「たてよこひよこ」は韻をふんでいますが，最後の「ひよこ」を「こいぬ」や「こねこ」「うさぎ」に代えて，動物の泣き声や動きを模倣する身体表現遊びへと展開できます。3歳前後のみたて，つもり遊びの好きな年齢の子どもたちにぴったりのわらべ歌です。

〈遊び方〉

　布を両手のなかに丸めて持ち，軽く上下に振りながら歌います。終わったら，「ピヨピヨ」とひよこの声を真似して，握っていた手をあけると，布がなかから現れます。また，子どもの手をとって軽く上下に振り，「ひよこ」で両手を止め，ピヨピヨと言いながら開いてみせます。

〈留意点とワンポイントアドバイス〉

　単純な動作でもって，あひる，こやぎ，こぶた，こうしなどに言い換えて表現するとおもしろいです。絵本などで動物の鳴き声に出会っているとよいでしょう。

◉ うえからしたから

〈遊びの紹介〉

　心地よい風は子どもにも魅力的な自然です。別名「おおかぜこい」とも呼ばれるこの歌は，風車をまわし，高く凧を揚げ，風鈴を鳴らす風が表現されています。歌に合わせて大小の美しい色の布を使って風をおこし，子どもたちと一緒に楽しめます。

第12章　子どもと遊ぶ力をつけよう

〈遊び方〉

　1枚の布を両手で持って，上下にふりながら歌います。大人数で遊ぶ場合は，1枚の大きな布を数人の子どもと一緒に持ってゆらすとよいでしょう。

〈留意点とワンポイントアドバイス〉

　"おおかぜ"といっても子どもたちの頭をやさしくなでるような風のことです。子どもが目で追えるように，ゆっくりと布を揺り動かし，子どもの目の高さにあわせて歌います。休止符のところでも，同じように心を込めて布をゆらしましょう。

◉ ととけっこう

〈遊びの紹介〉

　わらべ歌には，たくさんのオノマトペが使われていて，日本語の音の豊かさやおもしろさを感じることができます。この歌は，にわとりが朝を告げる様子を歌ったものです。目覚まし時計がなかった昔は，にわとりの鳴き声で子どもたちは目をさましていたものでした。それでも目をさまさないお寝坊の子どもは，きっとお母さんが「にわとり」の鳴き声をまねして子どもを起こしていたのでしょう。

〈遊び方〉

布を両手や片手でつまみ，顔の前で持ち，顔を隠したまま，上下（または左右）に布を動かしながら歌います。終わったら布をとめ，「おはよう」と言いながらさっと布をおろし，顔を見せます。

〈留意点とワンポイントアドバイス〉

「ととけっこう」は絵本にもなっています。読み聞かせの後に歌うのも情景がイメージしやすくおすすめです。また，ぬいぐるみを手に持ち，ぬいぐるみが歌っているようにするのもおもしろいです。ぬいぐるみの身体を左右に動かしながら，終わったら，「おはよう」と挨拶をし，少し間をおき，チョコ，チョコと，またはノッシ，ノッシとベッドの淵などの上を歩かせながら，そこから子どもに歌いかけるなどの工夫をするのもいいでしょう。布製の触り心地のいい動物をいくつか用意し，子どもたちがもって，みんなで歩く動作をするのも楽しいものです。

◉ おでこさんを

〈遊びの紹介〉

乳児の顔にやさしく触れる顔遊びです。顔のさまざまな部分を橋や池などに見立て，指で散歩をするような雰囲気をつくります。心地よく指先で触れることがスキンシップになり，子どもに安心感や楽しさを与えます。

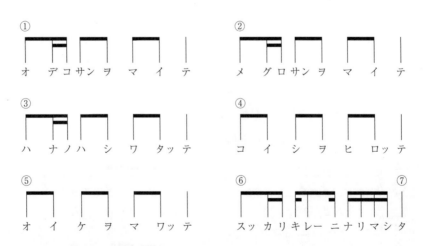

第12章　子どもと遊ぶ力をつけよう

〈遊び方〉

①4回 額の上をなでる。　②2回 目の周りをなでる。　③4回 鼻の上をなでる。

④鼻の穴をつかむ。左右2回ずつ。　⑤口の周りを4回なでる。　⑥頭を軽く叩く。

〈留意点とワンポイントアドバイス〉

　乳児の肌は柔らかいので，軽いタッチで傷つけないように触れるようにしましょう。子どもと親しくなり，お互いに信頼関係ができてから行うと効果的です。

◉ もぐらどんのおやど

〈遊びの紹介〉

　このわらべ歌は，「もぐら追い」という行事があり，農作業で使用されていた槌で，もぐらを追いかけ叩いている情景を歌ったものです。「もぐら」という動物はあまり目にしないので，子どもに説明する必要がありますが，その生態のユニークさが子どもの関心をひくようです。役割を交代する楽しさを知ることもできます。

〈遊び方〉

① 「もぐらどんのおやどかね」と歌いながら，スカーフをかぶったもぐら役の子のまわりをみんなでまわります。もぐら役の子は輪のなかで眠ったジェスチャーをします。
② 「つちごろりまいったほい！」で輪のなかへ進みます。そして，「もぐらどん，もぐらどん，朝ですよ　起きなさい！」と歌いながら，1人がスカーフを取り，もぐら役を起こします。

〈留意点とワンポイントアドバイス〉

　もぐら役の子どもは，もぐらのお面をつけてもよいでしょう。起こされたもぐら役の子どもは次のもぐら役の子どもを選びます。

（2）友だちと○○になったつもりで遊ぼう！

◉ むっくりくまさん（2〜5歳）

〈遊びの紹介〉

　冬眠しているくまの様子を歌った，身体を使った遊びです。追う・追われるという鬼ごっこ遊びの基本と，ストーリーのあるかけ合いのおもしろさを，くま役と子ども役に分かれて味わいましょう。逃げる役の子どもたちは，友だちと手をつないで，くまの様子を近くまで見にいくところが，わくわくする場面です。くま役の人数を増やすなど，さまざまな発展も可能になるので，異年齢の子ども集団でも楽しめる遊びです。

第12章 子どもと遊ぶ力をつけよう

〈遊び方〉

①一人のくま役を決め,くまを真ん中にして,手をつないで円陣をつくります。

②歌い始めとともに,くまになって子どもは目をつむり,眠ったジェスチャーをします。円陣の全員は手をつないだまま一方向にまわります。

③「ねむっているよグウグウ……」で,円陣は次第に輪を縮め,眠っているくまに寄って行きます。

④歌の終わりとともに目を覚まし,くまは次のくま役をつかまえます。

⑤つかまった人を含め,今度は2人がくま役になり,円陣はまた同じように手をつなぎ,ゲームが再開されます。

⑥ゲームを続け,円陣の方が1人になったところでゲームは終了します。

〈留意点とワンポイントアドバイス〉

くまのお面を使用すると,年少の子どもも遊びのイメージを共有しやすいです。また,くま役を嫌がる子どもがいる場合は,複数でくま役をするとよいでしょう。

⦿ あひるはグゥグゥ(0〜2歳)

〈遊びの紹介〉

子どもたちが絵本で親しんでいる動物になりきり,動作と鳴き声で表現して遊びます。慣れてくると両足を屈伸させ,身体いっぱいで表します。

〈遊び方〉

- あひるはグヮグヮ……両手首を合わせ，歌とともに指先を開く。
- やぎメェメェ……ヤギのひげを手で表現する。
- ぶたさんブーブー……ぶたの鼻の穴を指で丸くつくる。
- うしモーモー……頭の上に両手の人差し指を立て，牛の角をつくる。

〈留意点とワンポイントアドバイス〉

絵本などで，動物の鳴き声に出会っておくと，親しみが増します。また，単純な動作でくちばしが開く，長いひげ，丸く出ている鼻，頭上の角などを表現しましょう。

● おしゃれなおおかみさん（3～5歳）

〈遊びの紹介〉

鬼と聞くとそれだけで抵抗を感じる子どもも，親しみをもって参加することができる遊びです。遊びのなかで，子どもたちのアイデアを入れることもできる優れた歌遊びです。

〈遊び方〉

①おおかみさん役を決め，後の全員は一列横隊。ゲームの開始とともに，手をつないで，歌いながらおおかみさんに近づいていきます。

　＃おおかみさんのせりふ

　　1．いまでかけるところだよ，ちょっと待ってね，いまズボンをはいているところさ。

②おおかみは全員が歌いかけてくる歌が一節終わるごとに，せりふで答え，そのせりふ通りのしぐさをしなければなりません。

第12章　子どもと遊ぶ力をつけよう

＃おおかみさんのせりふ
　２．いまシャツを着ているところだよ。
　３．いまネクタイしめているところだよ。
　４．いま上着を着ているところだよ。

③１節ごとにおおかみさんに接近します。おおかみさんの台詞が終わると，数歩後ろへ戻り，また歌いながら接近するという形がよいと思います。

＃おおかみさんのせりふ
　５．いま靴をはいているところだよ。
　６．いま帽子をかぶっているところだよ。

④おおかみさん役は，数回の掛け合いの後に適当なタイミングで「さあ！　つかまえて食べちゃうぞ！」と飛び出し，逃げる全員のうちのだれかをつかまえます。

〈留意点とワンポイントアドバイス〉

　３～５歳まで幅広い年齢で遊ぶことが可能で，おしゃれなおおかみさんと子どもたちの「かけあい」のおもしろさが魅力の遊びです。おおかみのせりふは子どもたちのアイデアを入れると楽しくなります。鬼ごっこ遊びの前段階として取り組むこともできます。

◉とびだせ　りすちゃん（４～５歳）

〈遊びの紹介〉

　リス役の人を決め，３人１組でリスの家になり，リス役の人は，朝になると自分の家を飛び出し，家から家に飛び回ります。表現をつけながら体をおもいっきり使います。森のなかで遊んでいるイメージの楽しい鬼ごっこ遊びです。

〈遊び方〉

①はじめに鬼役のリスを1〜3人募り，円のなかに入ります。

②鬼役のリス以外は，3人1組のグループになって，1人がリス，2人が木の役になります。2人は向き合って両手をつなぎ，木の幹になります。残り1人はリスとなって，そのなかにしゃがみます。

③1番の歌い始めとともに，木の役の子どもは，手をつないだまま歌います。リスはしゃがんだまま眠るジェスチャーをします。円陣の中心にいる鬼役のリスもしゃがんだまま眠るジェスチャーをしてください。

④そして2番の歌い始めになると，リスたちは飛び出して走り回ります。2人1組で表現しているリスの家の周りをできるだけ早く走ってください。

⑤2番の歌詞が終わると，リスたちは急いで木のなかに駆け込みます。リスの数に比べて木の数が少ないので，どうしても，残りのリスがでてきてしまいます。このリスたちが，今度は鬼になって円陣のなかでしゃがみ，また同じように遊びが繰り返されます。

〈留意点とワンポイントアドバイス〉

遊びに入る前に保育士が"森のなかに何本もの木があって，その木には1匹ずつリスがいました。お日様が森を照らす朝には，リスたちは木から出てあちこちさんぽをして木のおうちに帰ります。木のおうちが足りないと明日またおうちをさがします"と「木のなかのりす」のお話をしてから始めると，情景をイメージしながら遊びに取り組むことができます。リス役，木の役は，子どもたちが好きな役を選べるようにしましょう。

（3）布おもちゃ

〈遊びの紹介〉

　子どもたちの大好きな動物をかわいい布でつくり，子どもたちが布のさわり心地や感触などを楽しみながら，布でつくった動物を使った遊びが繰り広げられていきます。

〈準備するもの〉

　・やわらかい布25cm×50cm 1枚　　・化繊綿ひとつかみ　　・針　　・糸
　・ハサミ　　・まち針　　・チャコペン

〈作り方〉

①布を中表に半分にし，つくりたい動物の型紙を置く（本書160頁に動物型を掲載してるので，拡大コピーをして使う）。
②チャコペンで出来上がり線をなぞる。
③後ろの綿を入れるためのあけ口に注意しておく。
④要所にまち針を打ち，縫い代を1cm外側に取り，ハサミで切る。
⑤出来上がり線を縫い，あけ口は開けておく。
⑥カーブの箇所の縫い代にハサミを入れる。
⑦表に返して形を整え，綿を入れ，あけ口をまつってできあがり。

〈留意点とワンポイントアドバイス〉

　カゴに入れてコーナーに置いておき，いつでも手に取って遊べるようにしておきます。布なので汚れたら優しく押洗いをし，乾かすと感触も色もきれいに戻ります。

布おもちゃの原図（コピー機で拡大して使ってください）

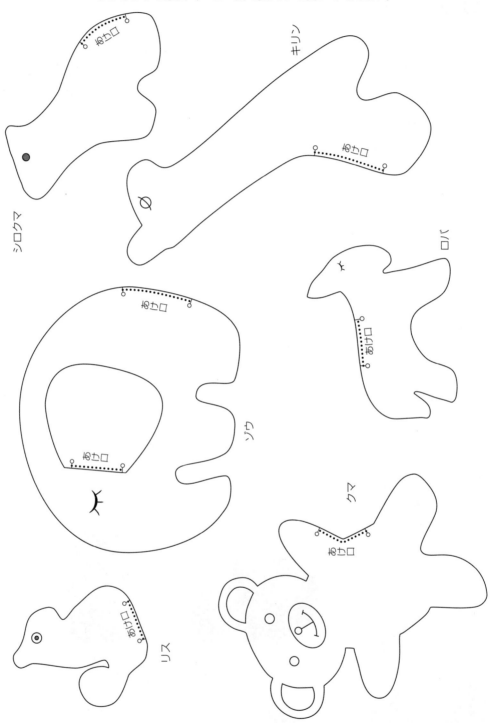

チェックシート

	項　　　目	チェック
1	子どもの発達にとっての「遊び」の意味について理解できましたか。	
2	子どもの「遊び」を支えるための安全確保と支援方法について理解できましたか。	
3	保育や生活の流れのなかで「遊び」の時間の確保の意味を理解できましたか。	
4	「遊び」の多様性と展開方法とその意義について理解できましたか。	
5	わらべ歌をはじめとした「歌遊び」の遊び方について理解できましたか。	
6	友だちと遊ぶ「集団遊び」の遊び方について理解できましたか。	
7	布おもちゃなどの「創作遊び」の意義と目的，つくり方と遊び方について理解できましたか。	

参考文献

コダーイ芸術研究所（編）『新わらべうたであそぼう　乳児編』明治図書出版，1985年。
久富陽子（編著）『実習における遊びの援助と展開』萌文書林，2011年。

注　記

　本章の楽譜はコダーイ芸術研究所の許可を得て転載いたしました。また，挿絵は西南学院舞鶴幼稚園楢崎賢主任教諭が描きました。

第Ⅱ部　実践編：保育実習で学ぶことって何だろう？

保育をひらく扉⑫
遊びの意味を考える

　人間の子どもも動物の子どもも遊ぶのが大好きです。「遊ぶ」ということにはどのような意味があるのでしょうか。キタキツネとニホンザルの子どもたちの生活から，遊びの意味を考えてみましょう。

　キタキツネの子どもが生まれ，子ギツネたちが巣穴から外に出る頃には，野原には草が伸びてきます。キタキツネの子どもたちは，ゆらゆら揺れる草の穂に飛びついたり，動くバッタに飛びついたりして遊ぶかと思えば，きょうだい同士でじゃれ合い，高く跳んだり噛みついたりしながら遊びます。遊びはさらに地上を走りまわるフワフワしたモノ，つまりネズミの狩りという実戦まで展開するのです。そうして夏の終わりには，遊びつかれた子ギツネが巣穴に戻ろうとすると，母ギツネは噛みついたりして凶暴に追い払う「子別れの儀式」が始まるのです。キツネはこの子別れまでは，遊びを通して自然のなかでのハンターとしての生業（なりわい）の能力を獲得しているのです。

　ニホンザルは母親の胸にしがみついて育ちます。生後4か月頃の知恵がついた子ザルは，いつまでもおっぱいを吸っていたいと思い，母親への依存性を高めます。そこで母親はきびしく赤ちゃんザルを叱りつけ，まれには放り投げるほどです。赤ちゃんザルはやむを得ず子どもの群れに入って他の子どもたちと遊ぶ時間をもち，幼児期をむかえるのです。この離乳期の母親の対応が厳しすぎると，子どもはうつ状態になるとのことです。また，幼児期に子ザルを子ども集団から隔離して母親とだけ過ごさせると，子ザルは緊張が強く，興奮しやすく，仲間づきあいの下手なサルになります。サルの母親も人間同様子育てに苦労をしているようです。

　母と子は生物学的な関係性によって相互に粘着性の高い状態が長引くと，母にも子どもにも行き場のない執着と葛藤が生まれるのです。動物も人間も，仲間との遊び・関わりを通して自立性や社会性が高められるのです。そういう意味でも，保育所が地域の子育てが困難な親子の受け皿になることは，親にも子どもにも必要不可欠なのです。

　まさに，動物も人間も「遊びを通して育つ」のです。遊びが失われつつあるといわれる時代だからこそ，子どもの遊び心を引き出し，子どもとともにワクワクして遊べる保育士が求められます。

巻末資料

巻末資料1　全国保育士会倫理綱領

　すべての子どもは，豊かな愛情のなかで心身ともに健やかに育てられ，自ら伸びていく無限の可能性を持っています。
　私たちは，子どもが現在（いま）を幸せに生活し，未来（あす）を生きる力を育てる保育の仕事に誇りと責任をもって，自らの人間性と専門性の向上に努め，一人ひとりの子どもを心から尊重し，次のことを行います。

　　私たちは，子どもの育ちを支えます。
　　私たちは，保護者の子育てを支えます。
　　私たちは，子どもと子育てにやさしい社会をつくります。

（子どもの最善の利益の尊重）
1　私たちは，一人ひとりの子どもの最善の利益を第一に考え，保育を通してその福祉を積極的に増進するよう努めます。

（子どもの発達保障）
2　私たちは，養護と教育が一体となった保育を通して，一人ひとりの子どもが心身ともに健康，安全で情緒の安定した生活ができる環境を用意し，生きる喜びと力を育むことを基本として，その健やかな育ちを支えます。

（保護者との協力）
3　私たちは，子どもと保護者のおかれた状況や意向を受けとめ，保護者とより良い協力関係を築きながら，子どもの育ちや子育てを支えます。

（プライバシーの保護）
4　私たちは，一人ひとりのプライバシーを保護するため，保育を通して知り得た個人の情報や秘密を守ります。

（チームワークと自己評価）
5　私たちは，職場におけるチームワークや，関係する他の専門機関との連携を大切にします。
　また，自らの行う保育について，常に子どもの視点に立って自己評価を行い，保育の質の向上を図ります。

（利用者の代弁）
6　私たちは，日々の保育や子育て支援の活動を通して子どものニーズを受けとめ，子どもの立場に立ってそれを代弁します。
　また，子育てをしているすべての保護者のニーズを受けとめ，それを代弁していくことも重要な役割と考え，行動します。

（地域の子育て支援）
7　私たちは，地域の人々や関係機関とともに子育てを支援し，そのネットワークにより，地域で子どもを育てる環境づくりに努めます。

（専門職としての責務）
8　私たちは，研修や自己研鑽を通して，常に自らの人間性と専門性の向上に努め，専門職としての責務を果たします。

　　　　　　　　　　　　　　　　　　　　　　　　社会福祉法人全国社会福祉協議会
　　　　　　　　　　　　　　　　　　　　　　　　全国保育協議会
　　　　　　　　　　　　　　　　　　　　　　　　全国保育士会

巻末資料2　保育実習先の施設一覧

施設の種類	形態	施設の概要	主な対象者	保育士以外の主な職種
児童養護施設	入所	保護者のいない児童（乳児を除く。ただし，安定した生活環境の確保そのほかの理由により特に必要のある場合には，乳児を含む。），虐待されている児童その他環境上養護を要する児童を入所させて，これを養護し，あわせて退所した者に対する相談その他の自立のための援助を行うことを目的とする。	保護者のいない児童，虐待されている児童，その他環境上養護を要する児童	医師，心理療法担当職員，児童指導員，個別対応職員，家庭支援専門相談員，栄養士，調理員
乳児院	入所	乳児（保健上，安定した生活環境の確保その他の理由により特に必要のある場合には，幼児を含む。）を入院させて，これを養育し，あわせて退院した者について相談その他の援助を行うことを目的とする。	乳児（特に必要な場合は幼児を含む）	医師，看護師，心理療法担当職員，児童指導員，個別対応職員，家庭支援専門相談員，栄養士，調理員
母子生活支援施設	入所	配偶者のない女子またはこれに準ずる事情にある女子及びその者の監護すべき児童を入所させて，これらの者を保護するとともに，これらの者の自立の促進のためにその生活を支援し，あわせて退所した者について相談その他の援助を行うことを目的とする。（DV被害者の一時保護も含む）	配偶者のいない女子またはこれに準ずる事情のある女子，そのものの監護すべき児童	医師，心理療法担当職員，母子支援員，少年を指導する職員
児童相談所一時保護所	入所	一時保護の必要のある児童を一時保護する施設。	一時保護を加えた児童	医師，看護師，児童指導員，栄養士，調理員
福祉型障害児入所施設（旧 盲ろうあ児施設・自閉症児施設等）	入所	保護，日常生活の指導及び独立自活に必要な知識技能の付与及び治療が必要な障害児を入所させて支援する。	障害児	医師，看護師，心理指導担当職員，児童指導員，児童発達支援管理責任者，栄養士，調理員
医療型障害児入所施設（旧 知的障害児施設・重症心身障害児施設等）	入所	病院機能を有しており，対象となる子どもに必要な医学的治療や機能回復訓練及び生活指導などを行う。また，重度の肢体不自由児を入所させる重度病棟，通園部門，母子入園部門などを併設していることもある。	障害児 18歳未満（場合によっては，18歳以上も入所可）	医師，看護師，理学療法士または作業療法士，心理指導担当職員，児童指導員，児童発達支援管理責任者，栄養士，調理員
福祉型児童発達支援センター（旧 知的障害児通園施設等）	通所	肢体不自由の程度が医療型入所施設が対象とする子どもと異なり，入院する必要はないものの，自宅で養育を続けるのが困難な場合に通所できる。この施設では，子どもに必要な治療と機能訓練，学習指導などが行われる。	障害児 通所者の多くは年齢が18歳以上。	医師，機能訓練担当職員，児童指導員，児童発達支援管理責任者，栄養士，調理員

施設	形態	内容	対象	職員
医療型児童発達支援センター（旧 肢体不自由児通園施設等）	通所	未就学児を対象とした専門的な医学的治療，機能訓練及び生活指導などを提供する。保育所や幼稚園のように自宅から通いながら支援を受ける。子どもたちのなかには，並行通園といって，当施設に通園しながら週何日か定期的に保育所や幼稚園に通う子どももいる。	障害児	医師，看護師，理学療法士または作業療法士，児童発達支援管理責任者，栄養士，調理員
障害者支援施設（旧 入所型知的障害者更生施設等）	通所	障害者を通所させて保護，日常生活の指導及び独立自活に必要な知識技能を付与する。	障害者	医師，看護師，生活支援員，サービス管理責任者
障害福祉サービス事業所（生活介護）	入所	障害者を入所させて，入浴，排せつ及び食事等の介護，創作的活動または生産活動の機会の提供，調理，洗濯及び掃除等の家事並びに生活等に関する相談及び助言その他の必要な日常生活上の支援，創作的活動または生産活動の機会の提供その他の身体機能または生活能力の向上のために必要な援助を行う。	障害者	医師，看護師，理学療法士または作業療法士，生活支援員，サービス管理責任者
障害福祉サービス（就労支援）（旧 通所型知的障害者小規模授産施設等）	通所	就労移行支援：一般企業等への就労を希望する人に，一定期間，就労に必要な知識及び能力の向上のために必要な訓練を行う。就労継続支援（A型＝雇用型，B型＝非雇用型）：一般企業等での就労が困難な人に，働く場を提供するとともに，知識及び能力の向上のために必要な訓練を行う。	障害者	職業指導員，就労支援員，生活支援員，サービス管理責任者
児童厚生施設	利用	児童遊園，児童館などがこれにあたり，そこで子どもに遊びを提供し，子どもたちの健康の増進と情操を豊かにすることを目的とする。	児童	児童の遊びを指導する者（保育士，社会福祉士，社会福祉学や心理学などの単位を履修し，児童厚生施設の設置者により認められた者のこと）
児童自立支援施設	入所・通所	不良行為をなし，またはなすおそれのある児童及び家庭環境その他の環境上の理由により生活指導等を要する児童を入所させ，または保護者の下から通わせて，個々の児童の状況に応じて必要な指導を行い，その自立を支援し，あわせて退所した者について相談その他の援助を行うことを目的とする。	不良行為をなし，またはなすおそれのある児童，環境上の理由により生活指導等を有する児童	医師，心理療法担当職員，児童自立支援専門員，児童生活支援員，個別対応職員，家庭支援専門相談員，栄養士，調理員
児童心理治療施設（情緒障害児短期治療施設）	入所・通所	短期間入所させ，または保護者の下から通わせて，社会生活に適応するために必要な心理に関する治療及び生活指導を主として行い，あわせて退所した者について相談その他の援助を行うことを目的とする。	家庭環境，学校における交友関係その他の環境上の理由により社会生活への適応が困難となった児童	医師，看護師，心理療法担当職員，児童指導員，個別対応職員，家庭支援専門相談員，栄養士，調理員

《執筆者紹介》（執筆順／執筆担当）

矢野洋子（やの・ようこ）第1章
　九州女子短期大学教授
　主著：『はじめて学ぶ社会福祉』（共著）建帛社，2014年。

中馬充子（ちゅうまん・みつこ）第2章
　西南学院大学教授
　主著：『新しい保健科教育』（共著）教育出版，2000年。
　　　　『優生政策の系譜』（共著）九州大学出版会，2013年。

古野愛子（この・あいこ）第3章，第7章，第9章，保育をひらく扉⑦
　編著者紹介参照。

山本佳代子（やまもと・かよこ）第3章，第4章
　西南学院大学准教授
　主著：『いまを生きる子どもと家族』（共著）ふくろう出版，2009年。
　　　　『保育ソーシャルワークの世界』（共著）晃洋書房，2014年。

山崎喜代子（やまざき・きよこ）第4章，保育をひらく扉①〜⑤・⑨・⑩・⑫
　編著者紹介参照。

山之内輝美（やまのうち・てるみ）第5章
　筑紫女学園大学非常勤講師
　主著：『児童家庭福祉論』（共著）学文社，2005年。
　　　　『保育と社会福祉』（共著）みらい，2012年。

中里　操（なかざと・みさお）第5章
　監修者紹介参照。

櫻井京子（さくらい・きょうこ）第6章，保育をひらく扉⑥
　西九州大学准教授
　主著：『幼児教育法・教育課程総論』（共著）三晃書房，1993年。
　　　　『幼稚園実習（新保育ライブラリ）』（共著）北大路書房，2009年。

春原淑雄（はるはら・よしお）第6章
　西九州大学短期大学部講師
　主著：『教育・保育実習ガイドブック』（共著）明治図書出版，2014年。
　　　　『教育原理』（共著）一藝社，2016年。

岡花祈一郎（おかはな・きいちろう）第7章
　福岡女学院大学講師
　主著：『保育課程論（新保育ライブラリ）』（共著）北大路書房，2011年。
　　　　『「子育て先進国」ニュージーランドの保育──歴史と文化が紡ぐ家族支援と幼児教育』
　　　　（共著）福村出版，2015年。

力丸敏光（りきまる・としみつ）第7章
　　子ども発達支援施設Joyひこばえ施設長

重成久美（しげなり・くみ）第8章，保育をひらく扉⑧
　　活水女子大学准教授

土田珠紀（つちだ・たまき）第8章
　　西南学院早緑子供の園主任保育士

栗原拓也（くりはら・たくや）第9章
　　静岡英和学院大学講師
　　主著：『新スクールソーシャルワーク論』（共著）学苑社，2012年。
　　　　　『新版　ソーシャルワーク実践事例集』（共著）明石書店，2016年。

岩井浩英（いわい・ひろひで）第9章
　　鹿児島国際大学教授
　　主著：『考え，実践する　施設実習』（共著）保育出版社，2015年。
　　　　　『知識を生かし実力をつける　子ども家庭福祉（第3版）』（共著）保育出版社，2016年。

清水陽子（しみず・ようこ）第10章，第12章
　　監修者紹介参照。

金子　幸（かねこ・さち）第11章
　　南九州大学講師
　　主著：『新版　子ども家庭福祉のフロンティア』（共著）晃洋書房，2015年。

香﨑智郁代（こうざき・ちかよ）第11章，保育をひらく扉⑪
　　九州ルーテル学院大学講師
　　主著：『教育と教師のフロンティア』（共著）晃洋書房，2013年。
　　　　　『新版　子ども家庭福祉のフロンティア』（共著）晃洋書房，2015年。

永野典詞（ながの・てんじ）第11章
　　九州ルーテル学院大学教授
　　主著：『保育士・幼稚園教諭のための保護者支援』（共著）風鳴舎，2014年。
　　　　　『新版　子ども家庭福祉のフロンティア』（編著）晃洋書房，2015年。

安武智里（やすたけ・ちさと）第12章
　　西南学院舞鶴幼稚園元主任教諭，元西南学院大学非常勤講師

《監修者紹介》

中里　操（なかざと・みさお）
　　秋田看護福祉大学教授
　　主著：『新社会福祉論』（共著）学文社，2012年。
　　　　　『児童家庭福祉と相談援助』（共著）建帛社，2014年。

清水陽子（しみず・ようこ）
　　九州産業大学教授
　　主著：『乳幼児の教育保育課程論』（共著）建帛社，2010年。
　　　　　『ともだちだいすき，保育園だいすき──柳瀬保育園の保育実践と計画づくり』（編著）
　　　　　みき書房，2013年。

《編著者紹介》

山崎喜代子（やまざき・きよこ）
　　元西南学院大学教授
　　主著：『優生政策の系譜』（編）九州大学出版会，2013年。
　　　　　『遺伝子と医療』（共著）丸善出版，2013年。

古野愛子（この・あいこ）
　　東洋英和女学院大学講師
　　主著：『ソーシャルインクルージョンのための障害児保育』（共著）ミネルヴァ書房，2014年。
　　　　　『七訂　保育士をめざす人の社会福祉』（共著）みらい，2015年。

保育実習ガイドブック
──理論と実践をつなぐ12の扉──

2017年5月10日　初版第1刷発行　　　　　〈検印省略〉

定価はカバーに表示しています

監修者	中　里　　　操
	清　水　陽　子
編著者	山　崎　喜代子
	古　野　愛　子
発行者	杉　田　啓　三
印刷者	中　村　勝　弘

発行所　株式会社　ミネルヴァ書房
607-8494 京都市山科区日ノ岡堤谷町1
電話(075)581-5191／振替01020-0-8076

© 中里・清水・山崎・古野ほか，2017　中村印刷・清水製本

ISBN 978-4-623-07640-6

Printed in Japan

最新保育講座

B5判／美装カバー

1 保育原理
森上史朗・小林紀子・若月芳浩 編
本体2000円

2 保育者論
汐見稔幸・大豆生田啓友 編
本体2200円

3 子ども理解と援助
髙嶋景子・砂上史子・森上史朗 編
本体2200円

4 保育内容総論
大豆生田啓友・渡辺英則・柴崎正行・増田まゆみ 編
本体2200円

5 保育課程・教育課程総論
柴崎正行・戸田雅美・増田まゆみ 編
本体2200円

6 保育方法・指導法
大豆生田啓友・渡辺英則・森上史朗 編
本体2200円

7 保育内容「健康」
河邉貴子・柴崎正行・杉原 隆 編
本体2200円

8 保育内容「人間関係」
森上史朗・小林紀子・渡辺英則 編
本体2200円

9 保育内容「環境」
柴崎正行・若月芳浩 編
本体2200円

10 保育内容「言葉」
柴崎正行・戸田雅美・秋田喜代美 編
本体2200円

11 保育内容「表現」
平田智久・小林紀子・砂上史子 編
本体2200円

12 幼稚園実習 保育所・施設実習
大豆生田啓友・高杉 展・若月芳浩 編
本体2200円

13 保育実習
阿部和子・増田まゆみ・小櫃智子 編
本体2200円

14 乳児保育
増田まゆみ・天野珠路・阿部和子 編
未定

15 障害児保育
鯨岡 峻 編
本体2200円

新・プリマーズ

A5判／美装カバー

社会福祉
石田慎二・山縣文治 編著
本体1800円

児童家庭福祉
福田公教・山縣文治 編著
本体1800円

社会的養護
小池由佳・山縣文治 編著
本体1800円

社会的養護内容
谷口純世・山縣文治 編著
本体2000円

家庭支援論
高辻千恵・山縣文治 編著
本体2000円

保育相談支援
柏女霊峰・橋本真紀 編著
本体2000円

発達心理学
無藤 隆・中坪史典・西山 修 編著
本体2200円

保育の心理学
河合優年・中野 茂 編著
本体2000円

相談援助
久保美紀・林 浩康・湯浅典人 著
本体2000円

（続刊予定）

ミネルヴァ書房
http://www.minervashobo.co.jp/